幻想の敬語論

進歩史観的敬語史に関する批判的研究

福島直恭
Fukushima Naoyasu

笠間書院

本書の刊行は、二〇一二年度学習院女子大学研究成果刊行助成を受けてのものである。

幻想の敬語論　目次

本書を読んでくださる方へ

本書は、言語研究の立場から日本語の「敬語」について論じたものです。町の本屋さんにいけば、敬語に関する本は何種類も置いてあることでしょう。でもその中で言語研究の立場から書かれた本はあまり多くないと思います。敬語に関する研究書もけっこうたくさん書かれていますが、そういうものは町の本屋さんには置かれていないことが多いからです。町の本屋さんで一般の読者を想定して売られている敬語の本は、ほとんどがその本の読者に「正しい敬語の使い方」を教えてあげようという目的で書かれたものです。本を書いた人は知っているけど、読者はまだ知らない、あるいは自信がもてない「正しい敬語の使い方の決まり」みたいなものがどこかにあって、その本を読むと、それまで知らなかった決まりがわかって、敬語をより上手に、あるいは自信を持って使えるようになるというのがその本の目的だと、書いた人も読む人もそう思っているわけです。今までそういう本を読んだことのある方にしてみれば、そういう目的以外の敬語の本があることさえ想像できないかもしれませんが、言語研究の立場から書かれた敬語の本、つまり敬語の研究書は、もっと別の目的を持っています。

敬語関係の研究書の多くは、実際に使用されている敬語を客観的な立場から観察して、できるだけ正確に記述し、そこから「敬語」とはどのようなもので、どのように使われるものなのかということを明らかにしようと思って書かれているのです。決して「どのように使うべきなのか」ということを読者に教えようとするものではないのです。つまり簡単にいえば「敬語とはいかなるものなのか」という問いに答えることが目的だといえると思います。この場合の「敬語」というのは、必ずしも現代標準日本語の中の敬語だけとは限りません。例えば平安時代の貴族社会において使われていた敬語とか、現代のいろいろな地方で使われている敬語も研究対象としての価値を十分持っていると考えます。

このように、敬語の使い方を指南する本と、敬語の研究書とは違う目的で書かれているのですが、どちらにも共通する前提があります。それは、自分たちが敬語についてあれこれ考えたり、調べたり、説明したりしてもしなくても、そんなこととは関係なく、敬語は今までも存在していたし、今も存在しているのだという前提です。何かについて説明するためには、説明するより前にその「何か」がまず存在していなければならないと考えるということです。「説明する」のかわりに「教える」とか「調べる」とか「考える」といっても同じことです。そんなことは今さらいわれるまでもなく当たり前のことであって、そう考える以外にどう考えればいいのだと思うかもしれませんが、本書の著者は、少なくとも敬語に関してはそうは考えません。そう考えずにどう考えるのかというと、「人に敬語の使い方を教えようとするから敬語というものがあるような気になる」とか、「敬語の研究をしようとするから敬語が存在すると感じられるようになる」と考えるのです。これだけではとてもわからないと思いますが、詳しいことは第1章や第5章に書きました。本書は言語研究の立場から書いたものなので、結局は「敬語とはいかなるものか」という問いに答えることが目的なのですが、ほかの多くの研究書とそこのところは違っています。本書のタイトルが『幻想の敬語論』というのも、そういうところからきています。つまり『「幻想の敬語」論』というわけです。

本書の内容は、とりあえずは私と同じ日本語の研究者に読んでもらうことを念頭に置いて書いています。しかし、私としてはこの本を日本語の研究者以外の方にも読んでいただきたいし、そういう方でも理解できるようにつとめたつもりです。そして、そういう専門外の方には、日本語の研究者が日本語の研究者に向けて投げかけた議論を通して、普段自分たちが敬語に対して抱くイメージとはずいぶん違った次元での敬語の捉え方があり得ることを分かってもらいたいと思います。そしてそこから、違った次元での捉え方があり得るのは敬語だけではなく、他の日本語についてもいえるのではないか、日本語がそうなら別の言語もそうなのではないか、そうすると言語以外にもそういうものがたくさんあるのではないか、などという方向に興味や関心を広げていただければ、著者にとっては最大の幸せです。

先に述べたように、本書は『「幻想の敬語」論』のつもりで書きました。でも本書を読んでも理解していただけないとか納得していただけない場合は、本書で展開される敬語論自体が幻想であるという意味で『幻想の「敬語論」』ということになってしまうと思います。できるだけそうならないようにがんばります。

序章　本書の目標と構成

1．本書の目標

本書の主な目標は、大きくまとめると2つある。

ひとつ目は、「日本語の敬語とはいかなるものなのか」という問いに対する本書の著者の現時点での考えを提示することである。本書のタイトルに敬語ということばが含まれていることからしても、これは本書のまず第一の目標ということもできる。ただし、はじめに正直に告白しておくと、本書の著者は日本語の敬語の内容自体については、それほど大きな興味を抱いているわけではない。そのため本書は、「日本語の敬語とはいかなるものなのか」という問いに対して、敬語体系の詳細な記述を並べ立てたり、それを再分類してみせたりしてその解答にあてようというタイプの敬語の研究書ではない。敬語体系の詳細な記述を並べ立てたり再分類したりして解答に当てるというのは、例えば、敬語は一般に尊敬語、謙譲語、丁寧語の3種類に分類される。しかし、多くの具体的な用例にあたって検討した結果からいうと、伝統的な3分類に従った場合、そのうちの謙譲語と丁寧語には、これこれこのように複数の機能の異なる言語表現が含まれてしまうことがわかった。そこで、これらはさらにしかじかのように下位分類して、結局合計X種類に分類するのが妥当であると結論づけられる。

などというタイプの敬語研究のことをいうものである。実際、日本語の敬語はいくつの種類に分類するべきかというテーマは、研究者にも一般の日本語使用者にも興味を持たれるらしく、雑誌の特集のテーマになったり新聞の記事に取り上げられたりすることもある。しかし、本書の著者は、このようなはじめから「敬語」としての外枠が定められていて、その内部をいくつに、あるいはどのように分類するべきかとか、整理するべきかなどというようなテーマに積極的にコミットしていこうとは思わない。本書の著者が関心を寄せるのは、システムとしての敬語の内部構造ではなく、『システムとして捉えられている敬語とそのように捉えている人間との関係』である。そして、「日本語の敬語とはいかなるものなのか」という問いにも、そういう関心のありかから、解答を見いだそうとしているのが本書の基本的な立場である。そういう点からいえば、本書は「敬語自体について何かを主張している研究書」というより、むしろ「敬語に対する人間の認識に関する考察を通して何かを主張している研究書」といった方がふさわしい存在といえるように思う。

本書のもうひとつの目標は、「言語の歴史的研究とはいかなるものなのか」という問いに対する本書の著者なりの考え方を提示することである。これまで、過去の日本語に関する研究は非常に数多く行われていて、それらは日本語史（あるいは国語史）という分野としてひとくくりにされてきた。過去の日本語に関する研究であれば、研究の目的がどうであれなんでも日本語史、つまり日本語の歴史的研究というわけである。

例えば『源氏物語』や『枕草子』などの平安時代の和文による文学作品をよりよく読み解くために、その当時のことばの意味とか使い方などを細かく調べたとしても、そういう研究も日本語の歴史的研究のひとつと数えられる。目的は文学作品の読解で、ことばについて調べるのはそのための手段だとしても、それは言語の歴史的研究という捉え方である。これは他の分野ではあまりみられないような捉え方なのではないだろうか。

例えば、原子力発電と火力発電の将来的コストに関してコンピューターシミュレーションを使って比較研究をしたとする。そういう研究はコンピューターの研究ではなく、エネルギーの経済性に関する研究と呼ぶべきであろう。そういうシミュレーションに対応するためには、コンピューターシステム自体についていろいろ考えたり、手直ししたりしなければならないかもしれないし、そういう部分はコンピューターの専門家の手助けが必要かもしれない。それでもそういう目的におけるそういう作業は、あくまでエネルギーの経済性に関する研究の予備的作業として位置づけられるべきものである。これとパラレルに考えるとすれば、古典文学作品のよりよい読解を目的として行われる過去の日本語に関する調査、分析、解釈等の作業は文学研究の一部となるはずである。ある文学作品のよりよい読解のために行われる、その作家の交友関係とか、恋愛遍歴とか、信仰する宗教とか、イデオロギーなどに関する調査があったとして、それらが文学研究の一部と見なされるのと同じことである。よって、そういう目的で行われる過去の日本語に関する調査や分析の成果は文学の分野において評価されるべきものである。そういう研究は価値が低いというのではない。また、日本語の研究者は同時に文学の研究者であってはいけないといっているのでもない。しかし、少なくともそういう研究は、誰がやったにせよ日本語の歴史的研究とはいえない。

それではいかなるものが日本語の歴史的研究といえるのか。それは、過去の日本語に起こった変化について、言語資料などから確認されたさまざまな事実をつなぎ合わせて、その変化の原因、条件、変化の方向性、他の変化との関係などを説明しようとするような研究である。[注1] このような目的で行われた研究、つまり日本語の歴史的研究といえるような研究も、すでに数多く存在していることは確かである。そして、本書の著者のみるところでは、それら日本語の歴史的研究のほとんどすべてには、あるひとつの共通する研究対象の存在が前提とされており、さらにその共通する研究対象の存在を前提として行われた研究のかなり多くには、言語変化の方向性に関するあるひとつの共通する歴史観があると思われる。ここで「あるひとつの共通する研究対象」というのは、「客観的な立場からとらえられるような真の日本語の歴史」のことであり、「言語変化の方向性に関するあるひとつの共通する歴史観」というのは、「言語は発達している、あるいは言語は進化している」という認識である。本書の著者としては、その共通する研究対象と言語変化の方向性に関する共通する歴史観を、今後もこの分野の共通理解とし続けるべきかどうかについて、他の多くの研究者、あるいは日本語の歴史に関心を持つ一般の人々によく考えてみてもらいたい。なぜなら少なくとも本書の著者は、今述べたような「真の日本語の歴史」などという研究対象は現実には存在しないものだと思っているし、言語が発達していると考えるのも、検証済みとはいえない無邪気な思いこみのように感じるからである。そういう主張がなぜ敬語を扱った研究書の中で行われるのかというと、日本語の敬語の歴史に関する先行研究の多くが、まさに今述べたような、考え直す必要性を強く感じる共通理解に基づいて行われてきたことが明白だからである。従来の敬語史研究において、なぜそのような前提が構築され、さらにこれまであまり批判もされずに来たのかというその理由を考えることを通して、敬語の歴史に限らず、日本語の歴史、日本語以外の言語の歴史を扱う研究にも、有益な示唆を与えられると本書の著者は考える。この点からいうと、本書は「敬語史研究に対する批判を通して何かを主張している研究書」ということができるであろう。

以上述べたように、本書には、

A．「敬語とはいかなるものなのか」という問いに対する本書の著者の現時点での考えを提示すること

B．「言語の歴史的研究とはいかなるものなのか」という問いに対する本書の著者なり考え方を提示すること

という2つの大きな目標があるといえる。しかし、本書にはそれとは別に、本書の読者のうちの、特に言語の歴史的研究に携わる研究者に対して訴えたいことがひとつある。それは、言語研究、特に言語の歴史的研究が現代社会にどのような影響を与えるか、そしてまたどのような貢献をなし得るかということにかかわる問題である。もう少し具体的にいうと、例えば敬語について、それが時間とともに発達してきたものであるという述べ方をすること、あるいはそれが時間とともに発達してきたものであるということを前提として自らの研究を行うことには、どれほどの必要性があるのかということと、そうすることが社会に対してどういう影響を与えているかということを考えてもらいたいということ、これが訴えたいことの内容である。この部分は敬語を主たる対象としている本書の守備範囲を超える問題ではあるが、言語史研究の分野全体に関わるともいえる重要な問題でもある。

2. 本書の構成

1では、本書の主たる目標を2つと、それに付随して訴えたいことをひとつ示した。これらと本書の構成との関係について以下に簡単に説明する。

本書の第1章は、現代標準日本語における敬語についての考察である。本書のひとつ目の目標である『「敬語とはいかなるものか」という問いに対する本書の著者の現時点での考えを提示すること』の半分がここで示されることになる。なぜ半分なのかというと、「敬語とはいかなるものなのか」という問いに対して、本書では、

① 現代の日本語社会における敬語

② 歴史的存在としての敬語

という2種類の観点からの説明を行う予定で、そのうちの①についての考察がこの第1章で行われるからである。そこでのおおよその結論としては、

言語コミュニケーションにおける働きを考えた場合、現代の日本語社会において「敬語」と呼ばれている日本語の要素と、「敬語」とは呼ばれていない日本語の要素とは連続的であるといえる。よって、「敬語」とは日本語の中に先験的に存在する自律的なシステムなどではなく、日本語使用者あるいは日本語研究者が恣意的に選び取った要素をまとめて、それを

システムとみなしているだけの、いわば想像上の存在物である。そして、日本語話者はなぜそういう想像上のシステムを必要としたのかという点に関しては、言語コミュニケーション上での機能とは別の、社会的、政治的観点から説明される必要がある。

ということになる。

続いて本書の第2章~第5章は、日本語の敬語の歴史に関する考察である。とはいっても、例えば『日本語の敬語は、大昔はどういうもので、次にそれがどのように変化し、さらにそれがまたどういう変遷を経て現在のような敬語になったのか』という敬語の歴史記述そのものを本書で展開しようというのではない。実は日本語の敬語の歴史に関しては、遠い過去から現代の敬語に至るまでのおおよその展開を示した金田一京助による先行研究がすでにあり、しかもその主張が日本語研究のかなり広い範囲で共通理解となっているというのが現状である。その後に行われた、過去のいろいろな時代の敬語の研究も、金田一京助によって示された流れの中に位置づけようとするものが多い。本書では、そのすでに一般化しているような日本語の敬語の歴史記述を「進歩史観的敬語論」と呼び、そういう敬語史の捉え方に対して疑義を提出する。そしてさらに、なぜそのような歴史記述が提示され、受け入れられてきたのかという点について検討を加えていく。その過程で、先に挙げた②「歴史的な存在としての敬語」という観点から、日本語にとって、あるいは日本語母語話者にとって「敬語とはいかなるものなのか」という問いに答えていこうと思う。

まず第2章では、日本語研究の分野の広い範囲で共通理解となっている敬語の歴史に関する金田一京助およびそれを受けたその後の研究、すなわち進歩史観的敬語論の概要を紹介し、それに対する批判の一部を行う。進歩史観的敬語論では、日本語の敬語は「タブーの時代」→「絶対敬語の時代」→「相対敬語の時代」というように段階的に発達してきたものであり、現代日本語の敬語は最後の相対敬語の時代に該当すると主張する。そのうちの第2段階である絶対敬語とはどのようなもので、現代の相対敬語とはどこがどのように違うと考えられているのかという点を確認することが第2章の中心課題である。

次に第3章では、絶対敬語という段階が過去の日本語に存在していたことの根拠とされている事象のうち、一般に「自敬表現」と呼ばれる敬語使用を取りあげて、それと絶対敬語との関係を、過去の言語資料の調査結果を基にして考えていく。自敬表現とは話し手が自分自身を高く待遇するような敬語の使い方のことで、上代をはじめとして中古・中世の言語資料にもみられるものである。本書では、自敬表現の存在が、その当時が絶対敬語の時代であったことの根拠になるとする進歩史観的敬語論の主張を再検討し、その主張は論理的整合性を欠くものであることを指摘する。さらに、実際の資料における自敬表現の出現の仕方が、絶対敬語段階にふさわしい現れ方になっているかどうかを検証する。検証の結果としては、過去の言語資料に自敬表現が現れることは確かだが、それと絶対敬語という段階の存在とは関係が認められないということになる。

第4章では、絶対敬語の存在を支えるもうひとつの柱である「身内尊敬表現」について、これも主として言語資料の調査結果を基にして、先行研究における主張を批判的に検証していく。身内尊敬表現とは、聞き手が外部者の場合でも、身内の人物に対して敬語を使用するという現象であり、一般に現代標準日本語の敬語ではみられないといわれる。そしてその身内尊敬表現が過去の言語資料に見られる場合、その当時が絶対敬語の時代であったことの根拠になるというのが進歩史観的な立場からの先行諸研究の考え方である。ここではその点を検証するために、過去の言語資料にみられる身内尊敬表現の使用者と待遇の対象、および聞き手等の違いが、敬語使用にどのような影響を与えているかという点を問題にする。そして調査の結果から、同じ発話者の同じ対象に対する敬語使用が、聞き手の違いによって変化することを明らかにして、それらの資料に見られる身内尊敬表現が絶対敬語とは直接関係ないものであると結論づける。なお、第2～4章は、本書の著者の2本の既発表論文（福島（2010）および（2011））をもとに、それらに加筆・修正を加えた上で再編成したものである。

第5章では、第2～4章までの調査や考察のまとめを行い、従来の敬語の歴史に関する進歩史観的な立場からの捉え方は、論理的な整合性を欠くものであり、さらに過去の言語資料に現れる敬語使用のデータを基にして考えても、とうてい受け入れることができない主張が多く含まれていて根本的に考え直す必要があることを述べる。

さらに、敬語の歴史に対するそのような問題の多い捉え方がなぜ生まれたのか、なぜ受け入れられてきたのかを考えることを通して、本書のひとつ目の目標である「敬語とはいかなるものか」という問いに、「歴史的存在としての敬語」という観点から答えようとする。そして、敬語の歴史をテーマとした第2～5章での考察をひとつの例として、「言語の歴史的研究とはいかなるものか」という本書のふたつ目の目標について、本書の著者の考えを述べていく。

最後に終章では、第5章までの進歩史観的敬語論に対する批判に付随して、敬語の歴史に限らず、言語が発達する、あるいは進化するシステムであるということを前提として研究することに対しての問題提起を行い、言語の歴史的研究が現代の社会にどのような影響を与えるか、さらに現代の社会にどのような貢献をなし得るかということについても考えていく。

第1章　現代日本語の敬語

1．敬語に関する一般的理解と問題点

1-1．「敬意の表現手段としての敬語」という捉え方とその効果

本章では、現代日本語の敬語について、それが現代日本語社会でどういう働きをしているのか、また、なぜそういう働きができるのかなどという点に関する検討を行い、それを通して、現代の日本語話者にとって敬語とはいかなる存在なのかという問いに対する解答を模索していく。本書全体としては、第2章以降での敬語の変遷に関する捉え方についての考察が中心となるが、それに先だって、まずここでは現代の敬語を題材として、本書の著者の敬語に対する立場を明確にしておこうと思う。

まず最初に、現代の一般の日本語話者[注2]が敬語をどのようなものと認識しているかということを確認するために、小学校の「国語」の教科書の敬語に関する記述をとりあげる。そしてそのよう

な認識にはどのような問題点があるのかについて考えていく。

敬語《けいご》

わたしたちは、聞き手や、会話の中に出てくる人などに対して敬意を表すために、必要に応じてていねいな言葉づかいをします。これを敬語といいます。

《ていねい語》

あまり親しくない人や大勢の人に対して話したり書いたりするときは、「です」「ます」や「ございます」などの言葉を使います。これらを「ていねい語」といいます。相手（聞き手や読み手）に対する敬意を表します。

《尊《そん》敬語》

相手や話題になっている人を敬う気持ちを表すときは、「尊敬語」を使います。尊敬語は、次のような種類に分けられます。（後略）

《けんじょう語》

自分や身内の者の動作をけんそんして言うことによって、その動作を受ける人への敬意を表すときは「けんじょう語」を使います。（後略）

小学校5年生「国語」教科書（光村図書）より

なお、この1-1および1-2は、一般の読者を想定した敬語に関する概説的記述であり、それに付随する問題点の提示も、専門家にとっては常識的な範囲にとどまるものなので、ここの部分を飛ばして1-3から読んでもらってもかまわない。

この教科書の記述にもあるように、現代の多くの一般の日本語話者の理解では、敬語とは、尊敬語と謙譲語と丁寧語からなるもので、その働きとしては、文字通り「敬意を表すことば」とか「相手を敬う気持ちを表現することば」だと考えている人が多いであろう。また、言語の研究者にも同様の理解を出発点として敬語研究を行うものがかなりいる。[注3]

(1) この仕事はあなたがおやりになって

(2) 先生はお茶を召し上がっている

(1)は聞き手である「あなた」に対する話し手の敬う気持が「おやりになる」という動詞を使用したことによって表わされているし、(2)は「先生」に対する話し手の尊敬する気持ちが「召し上がる」という動詞を使用したことによって表現されていると考えるのである。話し手(待遇主体)は、(1)や(2)の発話を行う前から、待遇[注4]の対象である「あなた」や「先生」に対する敬う気持ち、尊敬する気持ち(敬意)を持っていて、「あなた」や「先生」の動作や状態を述べる発話をする際に、ついでにその敬意も表したというような素朴な捉え方である。本書では、敬語に対するこういう捉え方を「敬語に関する一般的理解」と呼ぶことにする。まず先に敬意が存在し、発話の際に、ついでにその敬意も表現するというところまでは仮にそう考えるとして、では何のためにそういう気持ちを表現するのだろうか。例えば(1)と同じ状況で(1)ではなく次の(1')のようにいったとしよう。「同じ状況で」というのは、発話する前から話し手が「あなた」に対する敬う気持ちを持っていたというところも同じということである。

(1') この仕事はあなたがやって

(1)と(1')の違いは、(1)では、話し手が「あなた」に対してあらかじめ持っていた敬う気持ちも表現しているのに対して、(1')の方は、敬う気持ちは持っていたもののそれを言語的に表現することはしなかったというところである。(1)は敬う気持ちを持っている人のいい方で、(1')はそれを持っていない人のいい方だというのではない。敬語に関する一般的理解に従う限り、「敬う気持ちを持っていない人」は、はじめから(1)を使用する余地がないということになる。(1')は、敬語を使うか使わないかという選択の問題を論じるための例文なので、(1')を発話する可能性がある人々の中で、はじめから選択の余地のない人は考慮の外に置いて、(1)を使うかそれとも(1')を使うかという選択の余地のある人、つまり敬う気持ちを持っている人だけについて考えるということである。

さて2つの文を比べてみると、(1)のようにいうのと(1')のようにいうのとでは、その場における話し手と聞き手の人間関係のあり方に違いが生じること、特に話し手と聞き手がそれほど親しくない場合は、おそらく(1)を使用する方が安定した人間関係をより無難に構築できそうな場合が多いということは十分想像できることである。よって、敬う気持ちを持っている人が何のためにその気持ちを表現するのかというと、おそらくそういう気持ちを一緒に伝えた方がそうしない場合に比べて、ふたりの間の人間関係が、話し手の期待する形に近いものとして構築できると話し手が予想するからであると説明できそうに思う。[注5] もちろんそういう予想ができない状況だとか、良好な人間関係を構築したくない状況なら、敬う気持ちは持っていてもそれを表現しないこともあり得るということである。

1-2. 一般的理解の問題点

1-1では、「敬語とは敬う気持ちを表現するためのことばである」という一般的理解に基づいて、それを使用する場合としない場合の比較を通して、そこから話し手はどういう効果を期待して敬語を使用するのかという側面まで考えてみた。その結果、敬う気持ちを相手に伝えようとすること（敬語を使用すること）は、ふたりの人間関係の構築にプラスの効果があると説明できることがわかった。次にここでは、1-1での考察の前提となった敬語に関する一般的理解は、はたして妥当なものといえるのかという点について考えていくために、その一般的理解の問題点を提示してみる。

敬語に関する一般的理解では、待遇主体（話し手）が待遇の対象に対して持つ敬う気持ちを表現することばが敬語であるということである。しかし、人間にはいろいろな「気持ち」がある。自分以外の人間に対して感じる気持ちだけに絞ったとしても、敬う気持ちだけがそれに該当するわけではない。大切に思う気持ち、恋しい気持ち、かわいそうに思う気持ち、頼もしく思う気持ち、うらやましく思う気持ち、憎たらしいと思う気持ち、敬遠したい気持ち、非難する気持ちなどいろいろある。敬語のことを「相手を敬う気持ちを表すためのことば」と考えるなら、それと同時に、それならどうしてそれ以外のさまざまな気持ちについては、ついでに表す敬語みたいなことばがないのかという点に関しても説明できなければならないはずである。確かに、憎たらしいと思う気持ちや敬遠したい気持ちなどは、ついでに表現するとかえって人間関係にマイナスの影響を与えることが多そうである。でも、大切に思う気持ちとか頼もしく思う気持ちならば、敬う気持ちと同様、それらを相手に伝えた方がよりよい影響が期待できる場合が多いのではないだろうか。敬語を「相手を敬う気持ちを表すためのことば」と捉え、さらにその敬う気持ちを表現する効果を、より円滑な人間関係を構築するためと考えるためには、例えば、相手を敬う気持ちは、少なくとも日本語社会においては、他の気持ちとは違ってその点に特別な影響力を持つ感情であるとか、この気持ちを抱く頻度が他の気持ちを抱く頻度より飛び抜けて高いとか、敬う気持ちは相手に対するそれ以外の様々な気持ちを包含するような上位概念であって、他の気持ちはこの敬う気持ちから派生したものであるとか、とにかくこの気持ちの特殊性とか重要性を、敬語が存在するということ以外の根拠を示して説明する必要があるということである。そしてそれを説明することが不可能だとすると、敬語が敬う気持ちを表現することばであるという捉え方を否定するか、さらにはそれに加えて敬語を使う効果の方も否定しなければならないことになるであろう。

敬語に関する一般的理解の問題点はそれだけではない。「敬語とは相手を敬う気持ちを表すためのことば」だと考えた場合、その定義が実際の使用の場における日本語母語話者の直感と食い違うことが非常にたくさんあるという点も問題だといえよう。ここで食い違うといっているのは、例えば、少しも敬意を感じていない相手に敬語を使うとか、尊敬している相手と敬語なしで話すなどという言語使用場面を、多くの日本語母語話者が、違和感も伴わずたくさん経験しているということである。こういう食い違いが特に顕著なのは、敬語なしの発話の場合であろう。「敬語とは相手を敬う気持ちを表現することばである」という捉え方に沿って、その敬語を使用しない場合の理由を考えてみると、1-1でも少し触れたが次の2つのケースが考えられるであろう。

① もともと敬う気持ちを持っていない、あるいは敬う気持ちと反対の気持ち（軽蔑する気持ち）を持っているから敬語を使用しない

② 敬う気持ちは持っているが、何らかの理由で、その状況でそれを表明しようと思わないから表明しない

例えば、初対面ではあるけれど、明らかに自分より年上とわかる老人に何かをいうとして、その発話中に敬語を使用することは全く自然である。この場合、敬語を使用する理由は敬語に対する一般的理解で説明できるし、その効果も1-1での考察結果を適用できるであろう。しかし、同様の状況で、例えば「おじいちゃんは、昔からこの街にすんでるの？」などというように、とても優しい語り口ではあるが敬語は使用しない発話をしても、聞き手にもさほど違和感はないと思われる。そして、なぜここで敬語を使用しなかったのか、その理由を考えてみると、それは先に挙げた①でも②でもなくて、もっと積極的に「親しみ（親近感）を表明するため」という理由が最も日本語母語話者の直感に合っているのではないだろうか。また、これとは逆に敬語を使用する場合を考えても、その理由が、敬う気持ちを表すというより、「待遇の対象と親しくない」あるいは「待遇の対象と親しくしたくない」という気持ちを積極的に表明している場合もありそうである。このように、敬語というものを、話し手が持つ敬意を表現するためのことばだと考えることには、母語話者としての直感に合致しないことがあり、特に敬語を使用しないときの直感は、実際とはかけ離れたものになってしまう場合の方が多そうである。

言語研究においては、母語話者の言語直感とズレが生じる説明は他にも多くあり、ズレが生じるということだけを理由に否定されるべきではないが、ズレを感じる頻度が非常に高いという点、また他の理由も存在するという点もあわせると、敬語に関する一般的理解が、少なくとも言語研究においてはそのままでは通用しないことは明らかだと思う。

1-3. 敬意の表現の想定された理解者と効果

1-3-1. 敬意表現の理解者

1-2までの考察では、「敬語とは敬う気持ちを表現するためのことばである」という捉え方を「敬語に関する一般的な理解」と呼び、そういう認識にはどういう問題点があるのかということについて述べてきた。ここではその議論をさらに進めて、敬語に関する一般的理解を前提とすると、わざわざ敬語を使用したことを「誰に」理解してもらいたいのかという問題、さらに、話し手は敬語を使用することによってどういう効果を期待しているのかという問題を説明しようとすることにも支障を来すことを明らかにしていく。その点を説明するために、まず先にあげた例文の(2)についてもう一度よく考えてみる。

(2) 先生はお茶を召し上がっている

発話状況の設定の仕方によっては、この発話の聞き手が先生自身である場合もあり得るが、ふつうに考えるとこの文は先生以外の聞き手に対してのものである。話し手は、聞き手に対して先生の現在の様子を伝えているのである。そして、敬語の一般的理解に従うなら、先生の現在の様子を描写するついでに、話し手の先生に対する敬う気持ちも表現していることになる。ここで次に是非考えなければならないことは、話し手の先生に対する敬う気持ちを表しているとして、それはいったい誰にその気持ちを理解してもらいたくて表現しているのだろうかということである。Aさんが B君に恋しているとして、自分の B君に対する恋心を理解してもらいたいとAさんが望む相手は、必ずしも B君本人に限られるわけではない。B君には恥ずかしくてとても打ち明けられないが、同性の親友の Cさんにはこの気持ちを理解してもらいたいということも十分あり得るはずである。恋する気持ちを理解してもらいたい相手が恋する対象そのものだけとは限らないとしたら、敬う気持ちを理解してもらいたい相手も、敬う対象そのものだけとは限らないであろう。そして(2)の場合、誰にその敬う気持ちを理解してもらいたいのかと考えると、その相手は先生ではなく聞き手だということになる。なぜならば、例文(2)は、次の(2)a・(2)b・(2)cすべての状況で使用可能だからである。

(2) 先生はお茶を召し上がっている

(2)a 話し手と聞き手のすぐそばに先生がいる場合

(2)b 話し手と聞き手はそばにいて、先生はその隣の部屋にいる場合

(2)c 話し手と聞き手は遠く離れて電話で話していて、先生は話し手の隣の部屋にいる場合

(2)aのような状況だけを念頭に置いてしまうと、この発話は先生にも聞こえるので、先生に対

する敬意を表出した意図を理解してもらいたい相手が先生自身なのかあるいは聞き手なのかわかりづらいかもしれない。しかし(2)は、(2)bや(2)cのように先生には聞こえない状況でも十分使用できる文なので、(2)a~cすべての状況において、理解してもらいたい相手は聞き手であるということがわかる。発話自体を聞くことができない相手に、発話に込められた先生に対する敬意を理解してもらえると話し手が考えるはずがないし、先生にも聞こえる状況で発話した場合と、先生には聞こえない状況で発話した場合とで、聞き手に理解してもらいたかったり、そうではなかったりすると考えるのも不自然だからである。[注6] (2)bの状況では、(2)の発話は先生には直接聞こえないとしても、そのすぐあとで聞き手が先生に話し手の気持ちを報告する可能性があると、話し手がそこまで考慮して敬語動詞を使用したと考えることもできるかもしれない。もしそうなら、話し手が先生に敬う気持ちを持っていることを分かってもらいたい相手は先生であるとか、先生と聞き手の両方であるといえるだろう。しかし、(2)cのように先生と聞き手の距離が非常に大きい場合はその解釈が難しいし、さらにすでに死亡している人に対して敬語を使用することがいくらでもあり得ることを考えると、聞き手が後に敬意の対象者に報告することを見越した敬意の表明という考え方はできない。

1-3-2. 敬意表現の効果

1-1における例文(1)に関する考察では、なぜわざわざ相手を敬う気持ちを表現する必要があるのかという問いに対して、そうすることによって、聞き手とのよりよい人間関係の構築が期待できると話し手が予想するからという説明が一応できた。しかし、例文(1)は二人称だった、つまり仕事を「おやりになる」動作主と聞き手とが一致していたから、動作主の動作に尊敬語動詞を使用することがそのまま聞き手(=動作主)とのよりよい人間関係の構築に直結すると考えることができたのである。しかし例文(2)では、動作主と聞き手とが別人である。話し手が敬う気持ちを持っているのは先生に対してだが、そういう気持ちを持っていることを分かってもらいたい相手は先生ではなく聞き手なのである。そうすると次のような疑問が生じてしまう。すなわち、自分が先生に対して敬う気持ちを持っていることを聞き手に理解してもらうことで、話し手はどういう効果を期待しているのかということである。つまり例文(1)のように待遇の対象と聞き手が一致している場合の効果の説明を、そのまま例文(2)の場合にも適用できるだろうかということが問題なのである。例えば、聞き手が先生の家族などの場合、先生に対する敬意を表明することは、その家族に対して敬意を表明することにつながると解釈できる場合もあるであろう。また、聞き手のほうも先生を敬う気持ちを持っていることが明らかな場合も、話し手の価値観が聞き手の価値観とその点で一致していることを聞き手に示すことは、ふたりの良好な人間関係構築のためにプラスに働くことが多いといえるであろう。しかし、例えば聞き手が先生を軽蔑している、あるいは嫌っているとして、そのことをわかっている話し手であっても(2)の文は使用可能である。[注7] その場合、話し手が先生に対する敬う気持ち持っていることを聞き手に理解させることは、話し手と聞き手の人間関係の構築に関して直接的にプラスに働くとはいいにくいのではないだろうか。また、先に例に挙げたような、特定の異性に対する恋心を同性の親友に理解してもらいたいというのであれば、聞き手のCさんが話し手のAさんと同じ気持ちをB君に対して持っていないとしても、共感してもらったり、励ましてもらったりして切なくて苦しい自分の心の負担を軽減するという効果を期待したものといえるであろう。しかし、敬う気持ちの場合はそれと同じ解釈はできそうもない。だとしたら話し手は何のためにそんなことをするのだろうか。この問題に関しても、本書の著者の考えでは、これ以上こういう前提のままで考えていっても解答に行き着かないように思う。「こういう前提」というのは、もちろん「敬語とは敬う気持ちを表現するためのことばである」という一般的理解のことである。そしてここでの検討から明らかなように、敬語の基本的機能は何かとか、敬語を使って結局は何をしたいのかなどという問題を説明しようとするなら、その説明は、待遇の対象と聞き手が一致する場合にも、一致しない場合にもどちらにも適用可能なものでなければならない。さらにその説明は、待遇の対象と聞き手が一致しないばかりか、話し手が自分に対して敬語を使用したことを待遇の対象が永久に知る可能性がない場合についても説明できるものでなければならないということである。なぜならば、そういう状況での敬語使用も、とても例外的とはいえないくらい頻繁に行われているからである。本書の著者のみる限りでは、「敬語に対する一般的理解」を前提とした敬語の先行研究には、この点を十分に説明できているものがあまりない[注8]ように思われるし、それ以前に、説明する必要を認識しているものの自体が多くないように思う。

2．人間関係の把握の仕方の表示手段としての敬語

2-1．敬語に関する一般的理解を前提としない敬語研究

本章第1節では、敬語に関する一般的理解の問題点をあげて、敬語とは、話し手が待遇の対象に対してもともと持っている敬う気持ちを表現するためのことばということはできそうもないことを説明してきた。続いてこの第2節では、もしそうだとしたら、それでは敬語とは何を表わすものなのか、そして日本語話者は何のために、つまりどういう効果を期待して敬語を使用するのかという問題について検討していく。まずこの2-1では、敬語の一般的理解を前提としない敬語研究がすでに数多く行われていること、そのような敬語研究は、敬意の表現手段としての敬語という立場からの敬語研究とは、研究を進めていく方向性自体に大きな違いがあることを確認する。次に2-2以降で、この問題に関する本書の著者なりの見解を述べていく。

言語研究者による従来の敬語研究の中にも、敬語についての一般的理解と同じような前提から行われたものがいくつもあることは確かである。しかしそのような敬語研究は、おそらくそのような前提であることが原因となって、単なる敬語要素の分類や整理に終始するか、、そうでなければ日本語使用者に敬語の使い方のノウハウを規範的な立場から指南する一般書と大差ないような、ということはもはや科学としての言語研究とはいえないような内容のものになってしまいがちである。その一方で、敬語の先行研究の中には、敬語の一般的理解を否定した上で、それとは違う前提のもとに展開された研究も、何十年も前から数多く存在する。現在、それらの中では、社会言語学とか語用論、特にポライトネス理論などの立場から、対面的言語コミュニケーション全体の中に敬語の使用も含めて考察しようというものが主流になっている。それぞれ、よって立つところの違いはあるにせよ、それらの研究は、考察の対象として、伝統的な国語学で認識されていたいわゆる敬語——尊敬語と謙譲語と丁寧語を合わせたものとしての敬語——の範囲にとどまらず、それと同じあるいは類似的働きをする敬語以外の言語要素や、非言語的ツールなどにまでその考察範囲を広げているという共通点を持つといえよう。敬語の働きを「敬う気持ちを表現すること」であると捉えている限り、それとの働きの共通点を見出して、いままでは敬語と一緒に論じられることのなかったさまざまな言語的、非言語的ツールにまで考察対象の範囲を拡大していくことはできなかったと思われる。敬語の一般的理解を前提としないそれらの研究は、「敬語研究」という名称がふさわしものではないが、そういう新しいコミュニケーション研究が持つ方向性と、敬語とそれ以外の要素との違いを前提として、その違いをさらに明確化しようとする伝統的な国語学の方向性とは対照的である。

なお、今述べた『敬語を「敬う気持ちを表現することば」であると捉えている限り、それとの働きの共通点を見出して、いままでは敬語とまったく別物と考えられていたさまざまな言語的、非言語的ツールにまで考察対象の範囲を拡大していくことはできなかったと思われる』という本書の著者の見解は、本章の結論にとっても重要である。詳しくは後の3-1で述べるが、この見解を逆転すれば、敬語の働きを「敬う気持ちを表現することば」であると捉えておくことによって、敬語を敬語の範囲のままで拡散させずにとどめておくことができるということでもあるからである。

2-2. 聞き手に自分をアピールするということ

2-2-1. 敬語と同様の効果を持つ他の行為の例

この2-2以降で、敬語を使用すること（使用しないことも含む）によって、話し手は結局誰に対して何をしたいのかという問題の検討を行う。そしてさらにそこから、敬語とは、基本的に何を表すものなのかという点についての本書の著者の立場を明確にしていく。そのために、ここではまずひとつのたとえ話からはじめようと思う。

　職場の同僚や、友人、知人などに対して、自分の家族、特に子どもや妻の写真を見せたがる男は現代日本社会にも結構いるものである。いまここにそういう男のひとりがいて、幼い息子や娘と自分が一緒に写っている写真や、妻と自分が仲良さそうに腕を組んで写っている写真を持ち歩いて、チャンスがあるたびに人に見せびらかしていると想像してもらいたい。ある時は同僚達との酒の席で、隣に座った後輩にケータイに保存してある写真を無造作に見せて、いかに子どもがかわいいか、いかによくできた美しい妻かなどを自慢したりする。またあるときは、学生時代にお世話になった恩師の家に押しかけ、専用紙にプリントアウトしたいつもの写真をうやうやしく差し出して、写真の家族の話を延々としたりもする。さてこの男は、家族の写真を使って結局何をしたいのだろうか。写真には自分も写っているが一緒に子どもや妻が写っている。中には子供だけ、妻だけというのがあると考えてもいい。自分に甘える子どもとの写真や、腕を組んでいる妻との写真からは、彼らと自分との、仲の良さそうな関係が一目瞭然である。たとえ自分が写っていなくても、その写真を所有して見せているということだけで、写真の子どもや妻との良好な人間関係は明白である。自分との関係を切り離して、ただ単にかわいい子どもとか美しい女性というだけなら、こういう写真の見せ方はしないであろう。街で見かけた見ず知らずのかわいい子どもや美しい女性を隠し撮りして、こういうふうに見せて回る男はいないからである。子どもや妻が一緒に写っていても、あるいは子どもや妻だけが写っていても、この男にとってなにより大切なことは、こんなにかわいい、こんなに美しい（と少なくとも自分には感じられる）子どもや妻と深い愛情や信頼で結ばれている自分を、写真を見せた相手にアピールすること、その一点である。有名人と握手をしている写真にサインまでいれてもらって、額に入れて自宅に飾っているというのもこれと同趣旨である。アピールするのは写真をみせた相手に対してであり、写真に写っている子どもや妻や有名人は、自分をアピールするためのネタではあっても、アピールという行為の理解者として想定している相手ではない。よって彼らは必ずしもそのアピールの場に居合わせる必要はない。有名人との写真の場合などは、その有名人がもうこの世にさえいなくてもかまわない。写真を見てくれる相手だけがいればそのアピール行為は十分成立するからである。時が経って、幼かった写真の子どもが大人になったとき、男は昔の写真を取りだして本人に見せるかもしれない。お前と俺はこんなに深い愛情で結ばれていたんだ、お前に対するその思いは今も少しも変わらない、俺はそういう父親なんだということを、成長した子どもにアピールするためである。この場合、アピールのネタとアピール行為の理解者は同一人物になるが、男が写真を見せる目的はやっぱり自分をアピールすることである。写真に写っている幼い子どもにではなく、成長して今目の前で写真を見ている子どもにアピールして評価してもらいたいのである。

2-2-2. 自分との関係を理解させるための手がかり

このたとえ話の中に出てきた写真は、自分とかわいい子どもや美しい妻との関係のあり方が視覚的に理解できるような手がかりである。家族との写真の場合、自分と家族との関係が「仲良く楽しそうな家庭だ」とか「深い愛情や信頼で結ばれている」という感じに見えるものであれば、自分をアピールするために有効に働いてくれると、少なくとも現代日本社会にはそう信じている人がかなりいるらしい。別のいい方をすれば、円満で愛情深い家庭において、父親という役割をつつがなくこなしているそういう人間として自分を認めてもらうことに価値を見いだせる人間がかなりいるということである。有名人との写真なら、その有名人が、自分のことを、友人とか対等な人間として認めてくれているように見えるものであれば、自分のアピールの強烈な手段になると考える人が多いのであろう。ただし、このような一般的傾向は指摘できるとしても、一緒に写っている人物と自分との関係がどういうふうに見えれば自分のアピールにとって都合がよいかということは、一義的に決まっているわけではない。一緒に写っているのが誰か、写真を見るのは誰でどういう状況で見るか、そして何より、アピールしたいのは自分のどういう側面で、結局自分をどういう人間として認めてもらいたいのかなどによってかわってくるからである。

この男が写真を使って行う自己アピールはそれだけにとどまらない。どういう写真を見せるかということの他に、その写真をどういうふうに提示するかということも、見せる自分と見せられる相手との関係を自分はどのようなものとして認識しているかというアピールのひとつである。相手が後輩であれば、突然無造作にケータイの画面を見せつけることによって、自分は相手より目上の存在であると認識していることを表明するとか、ふたりが親しい間柄であると自分が捉えていることを表明することができる。うやうやしく恩師に差し出せば、それとほぼ反対の効果が期待できるであろう。立派な額に入れて目立つところに飾っておくというのも提示の仕方のレベルでのアピールのひとつともいえる。この男はとことんまで写真およびそれに写っている被写体を利用して自己をアピールしていることがわかる。すべての人間がこの男のような写真の利用の仕方をするわけではない。しかし、すべての人間は、とことんまでことばを利用して自己アピールしていることは確かである。

このたとえ話では、「自分をアピールすること」といい続けてきたが、たとえ話が終わった後からは、同じ行為を「自分はこれこれこういう人間であると表明すること」といい換えることにする。そして同じことを、本章のもっと後には「自己のアイデンティティーを管理すること」と呼ぶようになることを前もって述べておく。

2-3. 敬語の基本的な働きと自己アピールの関係

2-3-1. 尊敬語と謙譲語の基本的な働き

敬語は写真ではないが、2-2でのたとえ話の家族の写真とか、有名人との写真のような役割を果たしてくれるものである。すなわち「自分をアピールすること」、つまりは「自分はこれこれこういう人間であるということ」を聞き手に対して表明して理解してもらうための有効な手がかりになってくれるのである。なぜなら、敬語にも次のa~cのような話し手の認識を示す働きがあるからである。

a.「話し手である自分」と「発話の中の登場人物」の関係を、話し手がどのような関係だと捉えているかということを表示する働き

b.「聞き手」と「発話の中の登場人物」の関係を、話し手がどのような関係だと捉えているかということを表示する働き

c.「話し手である自分」と「聞き手」の関係を、話し手がどのような関係だと捉えているかということを表示する働き

例えば先にあげた例文(1)、(2)で考えると、

(1) この仕事はあなたがおやりになって

この文では、「おやりになる」という敬語動詞の使用によって、動作主であり聞き手でもある

「あなた」と話し手との関係を表示している。もっと慎重にいえば、「あなた」と話し手との関係を話し手がどのような関係と捉えているかということを表示している。(1)の場合、その関係とは具体的にいえばどういう関係なのかということは、(1)の発話状況の設定次第で様々な可能性がある。『「あなた」と私（話し手）とはべたべたするほど親しい関係ではないと捉えているような、私はそういう人間である』という、自分と聞き手との関係ついての認識を聞き手に表明している場合もあろうし、社会的地位という点からは「あなた」は目下に該当するが、『「あなた」はその仕事のすばらしさ故に、尊敬に値する、つまり目上に準ずるような人物だと見なしている』という評価を聞き手に表明している、正確にいえば自分はそういう評価をしている人間だということを聞き手に表明していることもあるだろう。

(2)　先生はお茶を召し上がっている

これも(1)と同様、状況の設定の仕方によっていろいろな解釈が可能になる。『あの有名なすばらしい「先生」と自分は信頼という絆で結ばれた師弟の関係にある、自分はそういう人間である』ということを聞き手に表明して自慢したいのかもしれないし、『自分は「先生」のような偉い人に気安いことばで言及するような人間ではなく、もっとおのれをわきまえた慎み深い人間である』と聞き手に思ってもらいたくてこういう表現をする場合もあるであろう。いろいろな解釈のバリエーションはあるが、結局は(1)も(2)も、話し手が自分と発話中の登場人物との関係をどのような関係と捉えているか、話し手が登場人物をどのような存在として認識しているかなどを表明することによって、自分はそういう捉え方、認識の仕方をするような人間であるということを聞き手に対して表明しているということであり、先のａ～ｃの分類におけるａの例である。また、

(3)　わたしの父もそう申しております

(3)は、登場人物「父」と、この発話の聞き手との関係に関する話し手の認識を「申しておる」という動詞が表示していてｂの例といえる。つまり話し手は、「父」を自分の「ウチ側」の存在、聞き手をそれに対する「ソト側」の存在と見なし、自分を含めた「ウチ」と、「ソト」である聞き手との関係を「下位―上位」の関係として把握しているような、自分はそういう人間であるということを聞き手に対して表明しているわけである。この場合、登場人物である父を自分の代理に立てて、父を聞き手より低く位置づけることによって、登場人物と聞き手との関係についての自分の認識を示しながら、結局は自分と聞き手との関係を表示しているとも説明できるので、基本的には例文(1)と同じ図式とみなすことも可能だと思う。

2-3-2. 丁寧語の基本的な働き

ここまでは、尊敬語、謙譲語、丁寧語という敬語の一般的分類のうちの尊敬語と謙譲語の使用が、なぜ、自分はこれこれこういう人間であると表明する際に有効に働けるのかという点につい

ての説明であった。次は丁寧語について、つまり先のa～cでいえばcにかかわる説明である。従来の敬語研究では、尊敬語と謙譲語をまとめて「素材敬語」と呼び、どちらも発話中の登場人物に対するプラス待遇を表現するものとされることが多い。これに対して丁寧語は、発話の聞き手に対する待遇や丁寧さを表現するものということで「聞き手敬語（あるいは対者敬語）」と呼ばれる。このように丁寧語をそれ以外のふたつと区別することは、本書の著者のような観点から敬語の働きを説明しようとする場合にも有効だと思われる。というより、「素材敬語」と「聞き手敬語」は、その発生時期から考えても、働きから考えても、必ずしもひとくくりにして扱う必然性のないものだと思う。とにかく丁寧語は、話し手が自分と発話の聞き手との関係、特に両者の心理的、社会的距離を話し手がどのように査定しているかということを示すことがその基本的働きといえる。どのようにしてそのような基本的働きを発現することができるのかというと、与えられた選択肢の中からの選択のしかたによるものということができる。例えば、

(4) 日本の首都は東京でございます

(5) 日本の首都は東京です

(6) 日本の首都は東京だ

同じ意味を表すのに、(4)(5)(6)という3つの選択肢がある。この選択肢自体が丁寧語の存在によって作り出されたものといえる。そしてその3つの選択肢の間では、(4)→(5)→(6)の順に、その形

を選択した場合の話し手と聞き手との距離が小さくなると（聞き手が考えている）という規範がすでに成立しているのである。よって、話し手が聞き手との関係を「距離が大きい」関係と認識していてそのことを聞き手に理解してもらいたいときは(4)を選択し、その逆のときは(6)を選択すればいいということになる。

この両者の距離の大小が、話し手が聞き手に対してどの程度仲間意識（solidality）を持っているかの表明になる場合もあるし、話し手が、その発話場面の改まり度（formality）どの程度のものだと査定しているかの表明になる場合もある。仲間意識の表明というのは、「自分は、あなた（聞き手）のことを自分と同じ社会集団の一員である（ない）とみなしているようなそういう人間である」という表明であり、聞き手との距離が小さいほど仲間意識を強く表明しているということになる。改まり度についての認識の表明というのは、「自分は今のこの発話状況を改まった（くだけた）場面だと認識してそれにふさわしい言動をしようとしているそういう人間である」という自己表明につながるものであり、聞き手との距離が大きいほど改まり度が大きいということになる。

以上、敬語の基本的な働きと「自分はこれこれこのような人間である」という表明の関係をまとめると、ある場合には、発話の中に登場した人物に対して尊敬語や謙譲語を用いることで、話し手は、例えば「自分は話に出てくるこの人とこんな関係にあると認識しているようなそういう人間である」ということを聞き手に対して表明できるし、またある場合には、聞き手に対して丁寧語を用いることによって、例えば「自分はあなたとの関係をこんな関係だと認識してい ている ようなそういう人間である」ということを聞き手本人に対して表明できるということである。敬語とはそういう働きをするために存在しているのである。尊敬語・謙譲語にしても丁寧語にしても、話し手と話し手以外の誰かとの関係、あるいは聞き手と聞き手以外の誰かとの関係の把握の仕方の提示を通して、「自分はこれこれこのような人間である」ということを聞き手に対して表明することに貢献しているという点では、まとめようと思えば同類としてまとめられるような働きをするものである。ただし、後の2-5でも述べるように、そういう観点からそれらをまとめるとしたら、そのまとまりの中にはそれら以外にもいろいろ入るものがありそうだということは忘れるべきではない。

そしてこのような敬語使用が社会的規範として定着すると、その規範通りにいかに上手に、よどみなく敬語を使いこなせるかということ自体が、話し手にとってのひとつのセールスポイントであると認識するような価値観も生まれる。待遇の対象との関係を示すことによる自己表明などは二の次になって、極端に言えば敬語を上手に使いこなせる自分を見せつけて評価してもらうためだけに敬語をたくさん使用するという話し手も現れてくることになる。写真のたとえ話に戻れば、家族との関係を見てほしいというより、写真の腕前を自慢するために見せびらかすようなものである。逆にそのようにして形成される人物像をマイナス評価して、自分はそれと反対のタイプの人間であることを主張したい人々であれば、敬語を上手に使いこなせない、あるいは使いこなす気なんかない自分を印象づけるために、わざとに敬語を使用しないとか、規範的な立場に立つ言語使用者から見ればメチャクチャな敬語の使い方といわれるような敬語使用をすることになる。このどちらのタイプの話し手も、敬語の使用（不使用）を通して、聞き手に自分はこれこれこういう人間であるということを表明しているのである。

2-4．アイデンティティー管理の意義と敬語

2-4-1．自己のアイデンティティー管理

これまでの議論でわかるように、本書の著者は、「敬語とは敬う気持ちを表現するためのことばである」という一般的理解を認めない。もちろん、言語研究の分野においてそれを認めないのは本書にはじまるものではなく、第二次大戦前からずっとあった考え方で、その点に関して本書は何のプライオリティーも有しない。また、敬う気持ちを表現するのではないとしたら、敬語の働きとは何を表現するものなのかという、否定したその次に来る問いに対する説明として持ち出した「話し手、聞き手、登場人物の関係をどのように捉えているかという話し手の認識を聞き手に対して表明する働き」という説明も、すでにいくつもの先行研究で指摘されているものである。[注9]

ここまで述べてきた中で、本書の特徴的な見解といえるものがあるとしたら、その敬語の働きを利用して、話し手は結局何をしたいのかという点についての解釈の部分だと思う。つまり、その敬語の機能を、自分はこれこれこういう人間だということを表明する際に利用するということであろう。[注10]敬語がどうしてそういう行為の役に立てるのかということは2-3で説明したが、仮にその説明によって、なぜ敬語を利用して「自分はこれこれこのような人間である」ということの表明ができるのかということがわかったとしても、そもそもなんのために「自分はこれこれこのような人間である」ということを表明する必要があるのかということがわからなければ何にもならない。ここでは次にその点について本書の著者の見解を述べていく。

「自分はこれこれこのような人間である」という表明はどういう意味のある行為なのかということを説明するにあたって、遠回りになるが、まず最初に「人間は何を目的に生きているのか」という、敬語にも言語にも直接関係ない話からはじめなければならない。この問いの答えは、もったいぶる必要もないくらい簡単で「自己満足」である。ただし、一般に自己満足というと、「人の迷惑顧みず～」とか「自分だけいい気になって～」というような、マイナスのニュアンスが含意されていることが多いが、ここでいう自己満足にはそういうニュアンスはなくて、ただ単に「自分が満足すること」というだけの意味である。人間の生きる目的はこれ以外にないというわけではない。人間も動物なので、他の動物と同じ目的、つまり自分のコピーを残すこと、もっと現代風にいうと自分の遺伝子をできるだけ広範囲にばらまいて後世に残すこと、つまり昔の生物学なら「種の保存」などといわれていたそういう目的も持っている。「自己満足」と「遺伝子の保存」、この2つを単純に並べて、同じレベルで「人間の生きる目的」といっていいかどうかはわからないが[注11]、少なくともこのどちらでもない生きる目的はないと思うので、すべての人間のすべての行為の目的はこのどちらかだということになる——ひとつの行為がその両方に関与する場合ももちろんある——。後者は、具体的にいえば食事とか排泄とか睡眠とか生殖行為など、自分自身ができるだけ遅く死に、自分と遺伝子をより多く共有する他の個体をできるだけ繁栄させようとするいろいろな行為の最終目的であり、ここでの話には直接関係しない。そして、それ以外の人間の行為はすべて「自己満足すること」を目的とするものである。

自分の幸せなど求めずに、恵まれない人々の救済に生涯を捧げる偉人は、そういう自分に満足しているからそうするのである。他のすべてを犠牲にして特定の異性への愛一筋に生きる乙女も、民族の自治を獲得するために命をかける活動家も、そういう自分であることが最も自己満足に到達しやすいからそうしているのである。つまり「すべての人間の生きる目的は自己満足である」といい切れるのは、自己満足ということばの意味を限りなく広くとって解釈しているからである。自己満足ということばが気に入らなければ「幸せになること」、「達成感を得ること」、「誇りをもつこと」などに取り替えてもかまわないが、どちらにしてもそれだけではほとんど何の説明能力ももたず何もいわないに等しい。問題はその先である。人間の生きる目的が自己満足を得ることだとして、それでは人間はどうやったら、あるいはどうなったら自己満足するのだろうか。この点に関しては、すべての人間に例外なく該当する解答などあり得ないのかも知れない。ただし、まったく何の傾向も指摘できないというわけではない。非常に多くの人間は、自分が所属している社会、あるいは所属したいと望んでいる社会を構成する他のメンバーから、その社会において、自分が理想とする「ポジション」を実際に占める存在として認められたと思えたときに自己満足を得る傾向を持つということはできる。円満で楽しい家庭において、家族から優しくて頼りになる母親として認められることで自己満足に至る人もいるであろう。現代日本社会の最先端を行くエリートビジネスマンとして周囲からの羨望のまなざしを感じるときになによりの満足感を得る人もいるであろう。地元の企業のために大きな公共事業を獲得してやったり、新たな取引先との口利きをしてやったりして、支持者達から「先生、先生」と頼りにされ、感謝される存在としての自分の地位を手放さないためならなんでもやると考える人もたくさんいそうである。それぞれの理想とするポジションはいろいろだが、「自分は、こういう人たちからこういう人だと思われたい」という目標があり、その目標を達成すること、もっと慎重にいえば達成した気になることによって自己満足するというところは共通である。目標を達成するというのは、自分が「こういう人」に実際になるとかならないとかではなく、「こういう人」だと他の人たちから思われる

（思われた気になる）ことである。この場合の他の人たちというのは、自分以外のすべての人類ではなくて、自分のことを「こういう人」として認めてほしいと自分が思う、そういう人々である。よって必ずしも複数とは限らない。厳密に考えると、それは実在する人や人々ではなく自分の想像上の他者——おそらく言語研究における「聞き手」も同様——なのだがここではその点には深入りしない。それから「こういう人だと思われたい」というその目標は、ひとりについてひとつずつというわけでもない。家族には「優しくて何でも許してくれる大好きなパパ」と思ってもらいたいが、会社の同僚には「今は係長だが、実際には課長や部長以上の能力を隠し持つ有能な会社員」と思われたいというようにである。ほとんどすべての人間は、同時に、複数の社会の複数のネットワーク上に位置を占めており、それぞれのネットワークにおいてそれぞれの理想のポジションを目指しているのである。「自分は、こういう人たちからこういう人だと思われたい」という目標の下に、自分がまさにその「こういう人」だということを、そう思ってもらいたい人々にアピールする行為をまとめて「自己のアイデンティティー管理[注12]」と、これ以降は呼ぶことにする。自己のアイデンティティーをうまく管理することは、空間、時間の違いを超えてすべての人間の最大の関心事で、人生のほとんどはそれを達成するための行為をしているとさえいえるものである。先ほど述べたように、人間の究極の目標である自己満足は自己のアイデンティティー管理がうまくいったときに得られるものであるが、逆に、人間の悲しみや苦しみや悩みのかなり多くも、それがうまくいかないところから来るものである。

2-4-2. アイデンティティー管理の一般的な方法

何度も述べるように自己のアイデンティティーの管理とは、他の人々から自分のことを「こういう人だと思われたい」という理想があって、その実現を目指すことと同じことである。その場合の「こういう人」とは、例えば「この人はあの~な人たちの一員である」とか「この人はあの~な人たちにも一目置かれている人だ」とか「この人はあの~さんと並ぶ人だ」とか「この人は将来の~さんのような人だ」とか「この人はあの~さんの後継者だ」とか、とにかくすでにその社会で明確なポジションを獲得しているモデルとの関係を示すことによって理解させようとすることが多い。逆に「こういう人」の「反対のタイプのモデル」との関係（というより関係がないこと）を示すという場合もある。例えば「この人はこの年代によくいる~な人たちとは全然違う人だ」のようにである。モデルとの関係（非関係）を示す以外の理解のさせ方もあり得るが、多くの人間が用いる方法はこのような、象徴的なモデルとの関係の明確化による自己定位である。なぜそのような方法をとることが多いのかというと、そもそも「人間がXを理解する」ということが、「まだ知らないXと、すでに知っているYとの関係を理解する」ということと同じだからであろう。「原宿は渋谷の隣だ」という原宿に関する説明は、「あなたの知らない原宿（の位置）

についていえば、それはあなたの知っている渋谷と『隣』という関係にある」ということであり、渋谷を知っている人にしか通用しない原宿の説明である。渋谷のような認知度の高い基準との関係を示して原宿の位置を理解させようとするのと同じで、象徴的なモデルとの関係を示すことによって、社会のネットワークにおける自分のポジションを聞き手に理解させようとしているということである。芸能人、スポーツ選手、皇室関係者、いわゆる文化人などは、その社会の象徴的なモデルの役割を果たすことが一番の存在意義であり、報酬の大きさから見ても、社会からの需要の大きさがわかるであろう。

一般にそのようなモデルとの関係（非関係）を示すときには、そのモデルと同じ選択をする（しない）という手段を使うことが多い。[注13] 使用する言語形式、使用する言い回し、使用する言語変種（〜語とか〜方言のこと）などの言語にかかわるものでも、ファッション、しぐさ、趣味、生活様式、信仰する宗教など言語以外のものでも、とにかく選択の幅のある行為の場合は、その選択肢の中からの選択のしかたをモデルと一致させることや一致させないことによって、そのモデルとの関係や非関係を示すのである。しかし、敬語、特に尊敬語と謙譲語の場合は、与えられた選択肢からの選択のしかたを示す方法によらなくても、たとえ話の写真と同じように、これらの言語形式が持つ本来的な働きによって自分と他の人間との関係を表示することができる。また、丁寧語の場合は、2-3で説明したように、丁寧語が存在することによって選択肢を作り出しているのであり、さらにその選択肢のうちのどれを選択した場合にはどのような関係――話し手と聞き手との関係（距離）――を表明したことになるのかという社会的な合意が成立しているといえる。敬語とは、そのような働きをするものであるが故に、話し手は、「自分はこれこれこのような人間である」と聞き手に表明するときに、つまり自己のアイデンティティー管理をするときに、敬語のその働きを利用できるのである。ただし、その時に利用できるツールが敬語だけではないことも明らかである。次に、そういう点で敬語と同じような働きをしている言語的ツールについて考えてみる。

3．敬語という概念のあいまい性

3-1．敬語と同じように働くツール

3-1-1．卑罵表現

本章の第2節では、敬語とは、話し手（待遇主体）と待遇の対象や聞き手との関係に関する話し手の認識を示す働きを利用して、話し手が行う自己のアイデンティティー管理に役立つために存在していることを述べた。さらに、その自己のアイデンティティー管理という行為は、人間の生きる目的に直接つながるといえるような、誰にとっても何よりも重要な行為であることを説明してきた。ただし、ここまで長々と述べてきた敬語に関するそういう説明は、本章の結論などで

はなくて、むしろ出発点である。本章で展開したい内容は、敬語の働きをそのようなものと考えるなら、同じような働きをしている敬語以外の言語要素が他にもたくさんあるのではないかということを次に示して、その後に、それならばその中から敬語だけを取りだしてことさら特別扱いする理由は何だろうかという問題について考えていくことである。その解答こそが、日本語話者にとって「敬語とはいかなるものなのか」という本書の目標のひとつに直接関わるものとなるからである。

敬語ではないのに、日本語社会において敬語と同じように働く言語表現、あるいは敬語と一部共通する働きを持つ言語表現やそれ以外の様々な表現に関しては、2-1で言及した敬語の一般的理解を前提としない、語用論や社会言語学での言語コミュニケーション研究において、すでに多くの考察が行なわれている。[注14] さらに、敬語の一般的理解を前提としている敬語研究の中でも、敬語と共通する働きを持つ敬語以外の言語形式について言及されているものもある。[注15]

例えば尊敬語や謙譲語と同じように人間関係に関する話し手の認識を示すことを通して、本書のいい方からすると、話し手のアイデンティティー管理に貢献するツールとして多くの先行研究で指摘されているもののひとつはいわゆる「卑罵表現」である。これらは「マイナスの敬語」などと呼ばれることもあり、一般の日本語母語話者にとっては敬語と反対の効果を持っているように感じられるはずである。具体的にいえば、

(7) ひとりだけ会議を抜けて帰りやがった（帰りくさった／帰りおった）

という文の動詞句「帰りやがった」などのことである。「お帰りになった」でも「帰った」でもなく「帰りやがった」という表現を使用することによって、「帰る」の動作主と話し手がどういう関係にあると話し手が認識しているかとか、その動作主をどのように話し手が評価しているかなどを示していて、結局は話し手がそのような認識を持っている人間だとか、そのような評価をしている人間だということを聞き手に表明していることになる。敬語を使用する場合の効果と類似的であることは明らかであろう。伝統的な国語学の分野では、このような日本語の「卑罵表現」は、その使用が反社会的、非社会的行為と評価されがちなので、敬語と違って体系として未発達であると説明されることが多い。その使用が反社会的、非社会的行為と評価されがちだというところは本書の著者も否定しようとは思わないが、だから未発達だという見解に関しては、本当によく検討した上でそういっているのかどうか疑わしいように思う。[注16] 反社会的、あるいは非社会的行為だから「卑罵表現」の使用頻度が敬語のそれに比べて低いというだけのことなのに、発達―未発達という評価基準上に無理矢理のせられて、敬語の引き立て役を演じさせられている、つまり敬語がより発達した体系であることを強調するために利用されているといった方が妥当だと本書の著者は考える。「卑罵表現」を使用することが反社会的と受け止められる行為であったとしても、だからといって科学としての言語研究においてまで、それらの表現形式群自体が研究対象としてマイナス評価されるいわれはないはずである。なお、なぜそうやって敬語を引き立てる必要があるのかということは、次の4節で議論する。また、言語変化研究において「発達―未発達」という概念を持ち込んで説明することの問題点に関しては本書の終章で言及する。

3-1-2. 人物呼称

発話に登場する人物や聞き手、話し手である自分のことをどのように呼ぶか、さらには登場人物や自分をどう呼ばせようとするかということも敬語と類似的な働きをするといえる。このうち特に「どのように呼ぶか」という点に関しても、現代日本語をはじめ、過去の日本語、日本語以外の他言語において、呼称の問題としてすでに多くの先行研究が言及している。[注17] 本章の1-1であげた例文(1)では、「あなた」という二人称代名詞を使用しているが、可能性としてはそれ以外の二人称代名詞の他、「鈴木」とか「佐藤」のように「氏」で呼ぶ、「名」で呼ぶ（しかも氏や名の場合はそれに「さん」「様」「君」「ちゃん」などのどれをつけるか、あるいは何も付けないか）、肩書きや役割で呼ぶ、愛称やあだ名で呼ぶ、さらには呼ぶこと自体を回避するなどさまざまな選択肢がある。そのうちから何を選択するかということは、明らかにその呼ばれた人間と呼んだ自分との関係を自分がどのように捉えているかということを表現しているといえる。例文(2)の「先生」のように三人称の場合でも、また一人称の場合でも同じである。日本語話者の中には、このように相手をどう呼ぶかということが敬語使用の一部であると考える人もいるのではないかと思う。特に代名詞の使い分けに関しては、それを敬語の問題と考えるか別の問題と考えるか意見が分かれるのではないだろうか。なぜ日本語話者の意見が分かれるのかというと、敬語と呼称の働きが連続的だということを感じ取っているからである。

3-1-3. 言語的変異形

続いて、丁寧語の働きと同種の働きをする敬語以外の言語形式について考えてみる。

(7) わたくしは　やはり　この方のことを　あまり　よく存じ上げておりません

(8) わたしは　やっぱり　この人のことを　あんまり　よく知りません

(9) あたしは　やっぱ　こいつのこと　あんまし　よく知らない

例文の(7)~(9)の違いは、一般には丁寧さの違いといわれるものであろう。しかし、本章の2-2で説明したように、本書では基本的にそれを話し手と聞き手との距離に関する話し手の捉え方の違いと考える。(7)→(8)→(9)の順に、話し手と聞き手の距離が小さくなる（そのように話し手が認識する）ということである。つまり(7)~(9)の違いは、2-3-2であげた例文(4)~(6)の違いと同じ違いだということである。

(4) 日本の首都は東京でございます

(5)　日本の首都は東京です

(6)　日本の首都は東京だ

(4)～(6)の違いは「東京でございます」「東京です」「東京だ」という述語句の違い、もっと細かくいうと「でございます」「です」「だ」の違いだけから来るものである。そうするとそれと同じような違いといえる(7)～(9)の違いは、「存じ上げておりません」「知りません」「知らない」という述語句の違い、より細かくいうと「おります」「ます」「×」の違いだけから来るものと説明すべきかというとそうではないであろう。(7)～(9)の違いは、「おります」「ます」「×」の違いに加えて、「やはり」と「やっぱり」と「やっぱ」の違いや、「あまり」と「あんまり」と「あんまし」の違い、さらには目的語に格助詞の「を」をつけるかつけないかということの違いまでも含めて、さまざまな要素の違いの総合として表されているというべきものである。なお、「わたくし」「わたし」「あたし」と「この方」「この人」「こいつ」の違いについては呼称のところで述べたのでここでは除外して考える。要するに「でございます」と「です」と「だ」を使い分けることによって表現できる違い、つまり一般に言う「丁寧さ」の違い、本書の立場からいえば「話し手と聞き手の距離に関する話し手の捉え方の違い」と同じ違いを、「やはり」と「やっぱり」と「やっぱ」を使い分けることによっても表現できるし、「あまり」「あんまり」「あんまし」を使い分けることによっても表現できるということである。これは別のいい方をすると、「やはり」という言語形式があるのに、それと同じ意味しか表さない「やっぱり」「やっぱ」「やっぱし」などという形の違う言語形式がさらに存在している理由は、「〜だ」というい い方だけですみそうなのに、それと同じ意味しか表さない「です」とか「でございます」がさらに存在している理由と同じだということである。「あまり」「あんまり」「あんまし」「あんま」の関係も、例文には出てこないが例えば「〜てしまう」「〜ちまう」「〜ちゃう」の関係、「〜という」「〜っていう」「〜っつう」「〜っちゅう」の関係なども同じなのである。つまり、言語使用における選択の幅を広げるためにこれらは存在しているのである。なぜ選択の幅を広げる必要があるのかというと、2-4で述べたように、選択の幅がある中から、あえてモデルと一致させたり、あえて一致させなかったりすることによって、そのモデルと自分との関係を示すことができるからである。

「やはり」「やっぱり」「やっぱし」「やっぱ」のような、形は異なっていても意味（機能）は同じといえる言語形式同士の関係を、言語研究の分野では「変異形」と呼んでいて、敬語とは関係ないものと考えられている。[注18] これに対して、「でございます」「です」「だ」の使い分けは敬語（丁寧語）の問題である。「敬語は敬う気持ちを表すことばである」と考えている限り両者の共通点は見えてこないが、本書のように考えれば、「やはり」と「やっぱり」も「です」と「だ」と同じように、どちらを選ぶかによって聞き手との関係（距離）についての認識を表すことによってアイデンティティーの管理に貢献しているということがわかる。

この他にも、一般に「丁寧さ」と呼ばれる違いを表現する手段は豊富に存在しており、それらは言語コミュニケーションの研究においてさまざまな方法で研究されている。[注19] 詳しく述べることはしないが、例えば同じ依頼表現でも「貸してくれますか？」と「貸してくれませんか？」の間には「〜だ」と「〜です」の間の違いと同じ種類の違いが感じられるであろう。依頼表現ではないが「〜でよろしいですか？」と「〜でよろしかったですか？」も同様である。否定を入れたりテンスを過去にしたりしてより間接的にすることによって、聞き手との距離を大きくしているといえる。「明日映画に行かない？」と誘うより「明日映画とか行かない？」の方が、表現上は映画に限定していることにはならないので、相手の希望を受け入れる余地を残している、あるいは押しつけがましさを軽減しているという意味で聞き手との距離を大きくとっているといえる。また特定の言語形式によるものではなくても、例えば相づちの頻度、種類、タイミング、話権の奪い方や渡し方や維持のし方、割り込みのタイミングや頻度、話題の選び方や転換方法、会話時の相手との物理的な距離や位置取りなど、数え上げていけばきりがないほど、聞き手との距離（関係）表示に関わるツールはさまざまである。

以上みてきたように、従来「敬語」と呼ばれてきた一群の言語形式は、その発話内における働きから見た場合、それらをそれら以外と区別して、それらだけで自律的な1つの体系を形成していると見なす必然性は、少なくとも言語研究という観点からはあまりないということがわかった。

しかし、現代日本語社会の一般の日本語話者にとっては、敬語をそれ以外の言語要素と区別して扱うことの方が普通の感覚であろう。どうしてそのような感覚を維持できているのかと考えてみると、それは一般の日本語話者が「敬語とは敬う気持ちを表現するためのことばである」と認識しているからであることがわかる。つまり、「登場人物や聞き手に対する話し手の敬う気持ちを表現するため」というように、働きをより具体的なレベルで限定することによって、それに該当する言語形式群を、コンパクトで他と区別しやすいひとまとまりとして捉えやすくなっているということである。尊敬語と謙譲語に丁寧語を加えて、しかもそれ以外は何も加えず、それらをひとまとまりとして扱うのは、それら同士が本質的に同類であるからとか、それら以外の言語形式群とは本質的に異質であるからというのではない。それらをそれらだけでまとめることができるような定義を設定しているから、それらだけでまとまっているように感じるのである。これはまるで星空の中に星座を作り上げているような認識と同類であるといえよう。

3-2. 近代の産物としての敬語

3-1の最後で、敬語とそれ以外の言語要素を区別して扱うという感覚を支えてきたものは、「敬語とは敬う気持ちを表現することばである」という一般的理解であると述べた。ただし、その一般的理解は、現代の日本語話者が持つそういう感覚を支える働きをしてはいるけれども、そういう感覚自体を作り上げる働きをしたわけではない。直接的に作り上げる働きをしたのは、近代日本の日本語研究、およびその成果を反映させた学校教育であり、これはどちらも近代以降の日本の言語政策の一環ということができる。さらにはマスコミ、出版等のメディアの関与も見逃せない。すでにいくつかの先行研究でも指摘されているように、日本語話者のそういう感覚は、大昔から受け継がれてきた感覚ではなくいわば近代の産物である。中村春作（１９９４）ではこの点について、

敬語の歴史は、敬語意識が社会的に存して、その名称が重大性をもって認知された時こそ始まるという言い方もできるのではないか

と述べ、その「始まる時」というのは近代であるとの解釈を示している。にもかかわらず、現代の一般の日本語使用者の感覚では、むかしの日本語にも今の日本語と同じように敬語というシステムが存在していたと感じている、というより感じさせられているといえる。例えば『枕草子』の中には、清少納言が他の女房達の敬語の使い方について批判している部分があるとしばしば指摘される。該当するのは、一般に「文ことばなめき人こそ」としてまとめられている中の次の部分である。

わが使ふ者など、おはする、のたまふなど言ひたる、いとにくし。ここもとに侍りといふ文字をあらせばやと聞くこと多かれ。

ある状況において使用される「おはする」とか「のたまふ」などというい方が清少納言には気に入らないようだということはわかるが、どういう状況で誰が誰について「おはする」とか「のたまふ」というのを批判しているのか、いろいろな解釈が可能でよくわからない。ともかくここの部分を引いて、日本語では千年も昔から敬語の使い方について議論されていたのだということになっている。確かにここの部分だけをみると「現代のわれわれなら敬語と呼ぶ言語形式」の使い方に関する批判であろう。しかし、『枕草子』の中ではわれわれがいうところの敬語以外のことばの使い方の批判もそれ以上にいろいろしているのである。例えば引用部分のすぐ後には、先に述べた呼称の問題についても文句をいっている。清少納言は単に近頃の言葉遣いにいろいろケチを付けただけなのに、現代の「敬語」という感覚をその時代に投射して、該当部分だけを取りあげて「敬語の使い方というのはこんなに昔からあれこれ問題になっていたんだ」という話として、現代人によって仕立て上げられているのである。まず現代日本語社会で敬語が存在するという認識を獲得して、そういう認識を過去のいろいろな時代の日本語に投射して見るから、日本語には昔から敬語という特別な表現ツールが、まるでそれだけで独立した自律的システムとして存在し続けているように感じられるのである。近頃の人々の言葉遣いにケチをつけたくなる人は昔からずっと存在していたようだが、敬語はそんなに昔から存在しているわけではない。もっと慎重ないい方をすると、日本語の中に下位のシステムとして敬語が存在していると感じている人は、そんなに昔から存在しているわけではないということである。

「敬語は近代の産物である」と述べたが、敬語とだいたい似たような理由で、敬語と同じような認識上の操作によって生み出された「近代の産物」は、実は敬語以外にもいろいろある。[注20] 一番代表的な概念は「民族」であろう。[注21] 人間を生物学的な特徴の共有度から分類した「人種（これも近代の産物）」に対して、「民族」とは文化的特徴の共有度から分類したものというのがその一般的な定義である。しかし、ひとくちに文化的特徴といってもいろいろ思い浮かぶので、そのうち何と何を共有していると同じ民族になるのか、ひとつでも違ったらあと全部同じでも異民族なのか、文化的特徴を共有していれば黒人と白人でも同じ民族なのか、両親が異なる民族の場合の子どもはどうなるのかなどなど、こんなあいまいな概念が人間の厳密な分類基準として成り立つはずがないことはどんな素人でもすぐにわかると思うが、「そんなものは気のせいだ」といってすませてしまうことはとてもできないくらい、近代以降の世界に及ぼした影響は多大である。侵略行為の正当化の根拠にもなり、自治権獲得運動の動機付けにもなり、差別や大量虐殺の大義名分にすらなる。「民族」のおかげで自己満足を得た人、「民族」のせいで泣いた人、「民族」のために死んだ人、どれも莫大な数であることは間違いない。このような近代の産物が実はたくさんあること、それらはほとんどが主として政治的な理由から作り出されたイリュージョンにすぎないことが理解されてきたのはそう遠い昔のことではない。そしてそういう近代の産物に関する言説も次々に発表され、「〜の誕生」というタイトルを付けられることが多い[注22]ので、全部まとめて「誕生もの」といってもいいくらいである。

敬語もそれら近代の産物のひとつである。何のために生み出されたのか、なぜそれは近代に生み出されたのかということを明らかにするために、まず山田孝雄と金田一京助の敬語に関する言説から引用する。

…人は人として相交る間に互にその人格を重んじ、その才能知識、徳望、品格等を尊ぶに於いて、それを言語によりて表明することこれ実に自然の人情にしてそれの存するはこれわが民族間に推譲の美風の行はるるによるものなれば、寧ろ嘉みすべき事なりとす。

（山田（1924））

本当に、人をうやまう心と、謙譲な心から出るまことの言葉—巧まざる最良の敬語はそこに生まれるものである。要はめいめいの心の問題に帰する。

（金田一（1959））

我々の国語には、ほかには、西洋諸国語に比して誇るに足るものがない。名詞に、格も数も性もなし、動詞に、人称も時も数もないのである。ただ西洋諸国語になく、我のみあって精緻を極めるこの敬語法こそは、いささか誇ってやられる点なのである。（金田一（1942））

山田（1924）をみても、金田一（1959）をみても、敬語は、本書のいい方では「敬う気持ちを表現するためのことば」として扱われていることがわかる。そして、金田一（194

2）からの引用によれば、敬語は、西洋諸語と比較したとき、日本語として誇れる数少ない要素だと捉えられている。

つまり、近代の産物としての敬語は、日本が西欧諸国と競い合って行かなければならない時代において、あるいは敗戦のショックから立ち直らなければならない時代において、日本の、というか日本民族の心性の優位性を示す象徴としてとらえられていたということである。いわゆる伝統的な国語学の専門家たちによる、特にいま引用した山田孝雄など初期の敬語研究は、日本語の中に先験的に存在する敬語体系の全容を解明するという目的のもとに行われているように見せながら、その実は、日本語の中に、自律的な下位の体系として実在するものであるかのように日本語話者に、というより「国民」に感じさせる方向で実体化することを目的としていたといえよう。感じさせられる側からいうと、日本語話者はそう感じることによって「国民」になったということもできる。日本語話者にそう感じさせる方向で実体化するというのは、敬語は、形の面でも機能の面でも、他の言語要素から明確に区別できる（離散性を有する）、ひとつの自律的なシステムである、つまりモノ的な存在物であるということを感じさせるということである。どこかで無理にでも連続性を断ち切らなければ、ひとつの独立した存在物と感じることは難しいし、ひとつの独立した存在物と感じることが難しければ、日本文化の心的優位性を示すシンボルとなることはできないからである。「敬語は敬う気持ちを表現することばである」という一般的な理解は、その連続性を断ち切るための、働きの側面からの裏付けである。こういう認識が成立しなければ、敬語と敬語以外の連続性が際限なく拡散してしまって、言語研究の方向性としては妥当だとしても、もはや国民国家形成に寄与するシンボルとはなり得なかったのである。

第2章　敬語の歴史的研究に関する問題——進歩史観的敬語論

1．従来の敬語研究の立場

1-1．問題設定

第1章で述べたように、敬語とは近代の産物である。近世以前の日本語に敬語体系を見出したのは、近代以降の日本語話者が獲得した敬語体系という認識上の枠組みを、それ以前の日本語に投射するという操作をした結果である。[注23] しかし従来の多くの敬語研究では、日本語の中に敬語体系が所与のものとして存在するということを前提としてきたといえる。そしてその場合の日本語とは、現代標準日本語ばかりではなく、現代の各地域の方言や、過去の日本語のさまざまな言語変種をも含むものである。つまり日本語という言語体系の中には、今も昔も「敬語体系」あるいは「待遇表現体系」と呼べるような下位のシステムが存在し続けていると考えられているということである。そしてそう考えるということは、『過去の敬語と現代の敬語はどのように違うのか』

とか、『日本語の敬語のシステムはどういう方向に変化してきたのか』などという問題設定が成り立つということになる。「敬語史研究」とか「敬語の歴史的研究」などという領域は、まさにそういう問題に取り組むための、日本語研究の一分野として、その存在意義を認められてきたといえよう。[注24]

しかし今述べたように、他と明確に区分されるような敬語体系が日本語の中に先験的に存在するという前提自体をそのままの形で受け入れることには大きな問題がある。日本語学、国語学の一分野としての従来の多くの敬語史研究は、話し手自身のアイデンティティー管理の一環としての、聞き手や第三者と自分との関係規定を通した自己表現行為にかかわるさまざまな言語要素や言語使用の中から、一般に「敬語」と呼ばれる領域[注25]に含まれる言語形式だけを切り取って、その範囲の中だけで変化の内容や方向性を論じているといえる。しかも、なぜその範囲の中だけで論じる必然性があるのかという問題意識も持たずに無反省に先行研究を踏襲してそうしているといわざるを得ない研究もかなりある。近代、そして現代の一般の日本語話者の場合は、社会的存在としての彼らの生活や人生にとって、敬語という切り取り方が必要だったり有効だったりするのかもしれない。しかしだからといって、そういう価値観がそのまま日本語研究にも当てはまるというものではない。そして本書の著者のみるところでは、そういう一般の日本語話者と同じような固定観念に支配された観点から行われる言語の歴史的研究は、科学としての言語研究という評価基準からいえば、その内容も問題の多いものになっていると思う。この第2章、およびそれに続く第3章、第4章では、そういう問題を多く抱える、敬語についての歴史的研究の例として「進歩史観的敬語論」を取り上げ、そこにはどういう問題があるのか、またどうしてそういう問題が生じるのかなどについて論じていく。このように、この第2章以降で直接取りあげる問題は敬語の歴史的研究に関するものであるが、先行研究についての批判的検討を例として、敬語に限らず、また日本語に限らず、言語の歴史的研究全般にかかわる問題提起としたい。

1-2. 進歩史観的敬語論について

今述べたように、本章（第2章）以降の主要な目的のひとつは、進歩史観的な立場に立つ敬語論に対して批判を加えることである。そこでまずここでは、その「進歩史観的敬語論」とはいかなるものかということについて説明する。

進歩史観的敬語論の「進歩史観」というのは、言語に限らず、科学技術でも社会でも経済でも文化でも、およそ人間が主体的に関与するモノゴトは、時の経過とともにだんだん進歩していくとか、だんだん発達していくとか、だんだんよくなっていくものであるというような、人間の諸活動およびその結果に対する時間軸に沿ったひとつのとらえ方（観点）のことである。そしてそういうとらえ方から、日本語の敬語の変遷を記述しようとした研究が「進歩史観的敬語論」ということになる。具体的には、次に引用する金田一京助（1942）などの考え方は、その代表的な例である。

さて、我が国の敬語の語法を通して、すべての敬語法発達の過程を考へて見ると、大体三つの段階があるやうに思はれる。第一期はすなはちタブーの時代で、自然民族の生活にその面影を偲んで想像するのであるが、第二期が、それから発達した絶対敬語の時代である。絶対敬語は、敬語としては初期の発達で、例へば、今日のアイヌ語の敬語などがそれである。（中略）次の第三期の相対敬語の時代が、即ち今の時代の敬語である。

これによると、現代標準日本語の敬語は、それ以前の、現在とは違う2つの段階（「タブーの時代」と「絶対敬語の時代」）を経て、現在のような相対敬語というシステムに発達してきたということである。明らかに今説明した進歩史観的な立場から、日本語の敬語の歴史を概観したものということができる。そして今から約70年も前に提出されたこの金田一（1942）のとらえ方が、その後の日本語の敬語史研究に大きな影響を与えている、というよりもっと率直にいえば、ほとんどまともに検証されることもなく研究の前提とされている場合が多い。一般にこのような敬語の歴史のとらえ方は「敬語発達論」と呼ばれることが多いが、本書ではそれを「進歩史観的敬語論」といい換えて批判の対象とする。「敬語発達論」を「進歩史観的敬語論」といい換える理由は、後に第5章でも述べることだが、歴史研究には必ずある特定の「観点」というものが必要になり、「進歩史観的敬語論」の方がその観点を理解しやすいし、同様の観点から行われた他の分野の歴史的研究の中に位置づけることも可能だと考えたからである。歴史学、歴史哲学の中でも「進歩史観（progressive view of history)」という用語はかなり定着していると思われる。[注26]

2．敬語発達の一段階としての絶対敬語

2-1．絶対敬語というシステム

さて、金田一（1942）をはじめとするこの進歩史観的敬語論は、現代の敬語システムのひとつ前の段階として、絶対敬語という時代があったと主張する。この絶対敬語の段階は、この進歩史観的敬語論にとって非常に重要な段階といえる。もともと全部で3つの段階しか想定されていないないし、最初の「タブーの時代」というのは敬語の起源ともいえる段階にすぎないので、もし絶対敬語という段階がなければ、金田一（1942）の提唱する進歩史観的敬語論自体が成り立たなくなるとさえいえるからである。そこで次に、この絶対敬語について、それはどのようなもので、なにを根拠にそういう段階があったと主張されているのかという点についてみていく。

そのためにここでは、絶対敬語とはいかなるものなのかという点に関する先行研究の説明を概観してみる。まず最初に、金田一京助（1959）から絶対敬語についての説明を引用する。

絶対敬語（絶対性敬語）は、一定の対象について、どんな人称の場合も、またどんな言語的場面においても、常に一定の敬語で表現されるという敬語のあり方を言う。

この金田一（1959）は、前節で引用した金田一（1942）より後に発表されたものであるが、基本的な立場は変わっていない。こちらの方が明らかに学術的な記述といえるし、その後の敬語史研究にもこちらの方が多く引用されているので、本書でもこれ以後は金田一京助の敬語に対する思想を代表する論文としては金田一（1959）を挙げることにする。さて、この金田一（1959）の絶対敬語の定義では、「一定の対象について、…常に一定の敬語で表現される」と説明されているが、これだけでは不足である。つまり待遇主体がAで、待遇の対象をBとすると、この定義からいえることはBに対するAの待遇はいつも同じで変動することがないということだけしかわからず、では具体的にはBをどう待遇するのか、どういう待遇で一定させるのかということがわからないからである。[注27] この点、次に列挙するような、辻村（1968）をはじめとする金田一京助より後の研究にみられる定義ではそこが補われているといえる。つまり、Bに対するAの待遇のしかたは、Bの社会的地位がAより上か下かで決まるということである。金田一（1959）の内容を読めば金田一自身もそのように考えていたことがわかる。

辻村敏樹（1968）
　相手を選ばず絶対的に上位者は上位者として把握し表現するところの敬語。
鈴木丹士郎（1989）
　どのような場合にも、一定の人物は常に一定の敬語で待遇される、すなわち、固定的な上下・尊卑関係によって敬語の選択が決定されるという傾向。
（cf 相対敬語→その場その場で、話し手、聞き手、話題の人物の関係の把握しだいで、同一人物でもその待遇のしかたが変化する敬語のありかた）
畠弘己（1993）
　絶対敬語の場合には話し手は自分より目上の人に対しては相手（聞き手）が誰であろうと敬語を使う。したがって例えば父、母は目上の人であるから相手が誰であろうと常に敬語を使うことになる。
西田直敏（1995）
　絶対敬語では、話し手が話題とする人物に対する敬語が固定され常に一定である。
（cf 相対敬語→話題の人物への敬語が聞き手への顧慮によって変動する）
菊地康人（1994）

聞き手にかかわらず――つまり、話手と聞手のどちらの〈領域〉に属する人物かといったファクターには左右されず――問題の人物（の地位）だけをいわば絶対的なファクターとして、その人物に対しては常に一定の敬語で待遇する敬語の使い方を、金田一京助の命名で〈絶対敬語〉と呼んでいる（この定義自体は、本書ふうにアレンジしたもの）。

森野崇（2003）
上位者は上位者として聞き手や場面等に関係なく常に高く待遇される。

以上を通覧すればわかるように、どの先行研究における絶対敬語の捉え方もそれほど大きな違いはないといえる。最初に挙げた金田一（1959）がその後の研究に大きな影響を与えていることがこれらをみてもよくわかる。鈴木（1989）や西田（1995）は、絶対敬語の説明だけを読むと他と少し違うようにも思えるが、それと対になる相対敬語の説明を合わせて読むと、やはり他の先行研究と同様に、『待遇のしかたが聞き手（辻村（1968）、鈴木（1989）の表現では「相手」）の存在に影響されない』という点が、絶対敬語と相対敬語を分かつ基準であると考えていることがわかる。そこで本書でも、絶対敬語についてはこの金田一（1959）の定義に社会的地位だけで待遇が決まるという点を補って、それを基本として論を進めることにする。

2-2．絶対敬語の定義にみられる「常に〜」という表現の解釈

2-1で列挙した、「絶対敬語」についての先行研究の説明の中には、待遇主体（話し手）と待遇の対象（被待遇者）の社会的上下関係を固定すれば言語的待遇が変化することはないという趣旨の言明が多く見られる。例えば、金田一（1959）の表現では「一定の対象について、（中略）常に一定の敬語で表現される」と述べられている。他にも鈴木（1989）、畠（1993）、菊地（1994）西田（1995）、森野（2003）には同様に「常に〜」という表現が使われている。特に言語使用を問題にする場合は、この「常に同じ敬語が使われる」とか「待遇の仕方が常に同じである」などというい方には、複数のかなり違う解釈が生じる恐れがあるので注意が必要である。その点について、ここでは尊敬語が主節の述語句にも従属節の述語句にも現れる文(1)と、主節の述語句にしか尊敬語が現れない文(2)を使って、この「常に同じ敬語が使われる」というタイプの説明についての問題点を明らかにしていこうと思う。なお、これ以降の議論は尊敬語の使用・不使用を例として展開しているが、尊敬語の部分を謙譲語に取り替えても問題は同じである。

(1)　先生はランチを召し上がりながらゼミ生とお話しをされました。

(2) 先生はランチを食べながらゼミ生とお話しをされました。

2-2-1. 〈解釈①〉句のレベルで常に同じ待遇になるという解釈

まず最初に示す〈解釈①〉は、「常に同じ（待遇レベルの）敬語が使われる」という表現を最も狭い意味で解釈したものである。待遇的言語形式を使用する可能性がある述語句は、主節の述語句のみならず、連用修飾節や連体修飾節の中にも現れるはずである。例文(1)と(2)でいえば、これらの文はどちらも待遇的言語形式を使用し得る述語句が、主節に1カ所、従属節に1カ所の計2カ所存在する文である。そしてこの〈解釈①〉に従えば、「常に同じ敬語が使われる」というからには、ひとつめの（従属節内の）述語句にも、ふたつめの（主節内の）述語句にも常に同じ待遇的価値を持つ言語形式を使用するのが絶対敬語の条件であるということになり、例文(2)のように、一方（主節の述語句）だけにプラスの待遇形式が現れている文はその条件を満たしていないと判定されることになる。その条件を満たしていないということは、「常に〜」を〈解釈①〉のように適用した場合は、絶対敬語では(2)のような発話はあり得ず、(1)のようになるかあるいは主節にも従属節にも尊敬語が現れないかのどちらかということになる。

2-2-2.〈解釈②〉文のレベルで常に同じ待遇になるという解釈1

「待遇の仕方が常に同じである」という表現のふたつ目の解釈は、一文の中の主節の述語句と従属節の述語句の両方に尊敬語が使われている(1)のような文と、片方だけに尊敬語が使われている(2)のような文とでは、文全体としての待遇の対象に対する待遇の程度が違っていて、(1)の方が(2)よりもさらに高く待遇していると考えるというような解釈である。これは「常に〜」を述語句ではなく文の単位で適用したもので、この場合は〈解釈①〉とは違って、例文(2)のような文でも、絶対敬語に支配された言語社会で存在し得ることになる。そして、例えば、ある特定の待遇の対象に対して例文(1)のように両方の述語句に尊敬語が現れるような文をいったん使ったら、その同じ待遇の対象に対しては、(1)のタイプ以外の文は、自分（話し手）が死ぬまで一度も使わないし、例文(2)のようなタイプの文をいったん使ったら、同じ待遇の対象に対しては、自分が死ぬまで(2)のタイプ以外の文は一度も使わないというのが絶対敬語であるという考え方である。現に、本書の著者が以前に調査した狂言台本（『板本狂言記』正編・続・拾遺・外）では、(1)のように主節にも従属節にもプラスの待遇的表現形式が出現する文と、(2)のように主節だけにそれが出現する文とでは、発話者と待遇の対象との社会的関係にかなり明確な違いがみられた。すなわち(1)のような文は、待遇の対象が発話者の主人であるとか、そうではなくても明らかに社会的地位が上位である場合に多く、(2)のような文は、発話者が待遇の対象との社会的地位が同程度か、あるいは両者の違いがさほど大きくない場合に多く使用されていた。[注28] これは結局、(1)のような文と(2)のような文とでは対象についての待遇の仕方が異なる、つまり(1)の文の方がより高く待遇しているということであり、待遇の程度は、述語句ごとではなく文ごとに決まるものであるという考え方を支持するデータであるといえる。

2-2-3. 〈解釈③〉文のレベルで常に同じ待遇になるという解釈2

〈解釈③〉は、〈解釈②〉をもう少し柔軟にしたものである。〈解釈②〉と同様に、待遇の程度は文ごとに決まるとしても、主節と従属節の両方に尊敬語が現れる(1)のような文と、片方だけに現れる(2)のような文の尊敬の度合いの違いまでは問題にせず、どちらも待遇の対象を高く待遇した文として同じ待遇的価値を有すると見なすような考え方である。そして絶対敬語であるためには、同じ待遇の対象に対しては(1)か(2)のタイプの文だけを自分が死ぬまで、文単位として一例の例外もなく、使い続けるか、(1)や(2)のタイプの文をただの一度も使用しないかのどちらかにすればいいということになる。

ここで、〈解釈②〉と〈解釈③〉の違いを明確にするために、再び例文の(1)(2)を持ち出して考えてみる。

(1) 先生はランチを召し上がりながらゼミ生とお話しをされました。

(2) 先生はランチを食べながらゼミ生とお話しをされました。

例えば、話し手A（学生）は聞き手B（別の学生）に対しては(1)の文を発話し、聞き手C（年配の教授・文中の「先生」とは別人でそれより年長）に対しては(2)を発話したとする。まず〈解釈②〉の場合、(1)と(2)では待遇の度合いが異なり、(1)の方が先生に対する待遇がより高いということになる。そして絶対敬語では、聞き手の違いによって待遇が変わることはないのだから、同じ話し手が同じ「先生」に対して異なる待遇をしている(1)と(2)が両方現れることはあり得ないということになる。

これに対して、(1)と(2)の待遇の程度は同じであり、どちらも先生を自分（話し手）より高く待遇していることには変わりないのだから、この2つの文だけで見る限り、これらは絶対敬語の範囲内の言語使用であると考えるのが〈解釈③〉である。

2-2-4．〈解釈①〜③〉の問題点

2-2-1〜2-2-3で検討したように、「常に同じ敬語を使う」とか「常に同じ待遇をする」という場合の「常に」は、どのレベルでの「常に」なのかという違いによって、その言語使用が絶対敬語的運用といえるかいえないかという判断が異なるものとなってしまうことがわかる。特別な断りもなく「常に同じ待遇をする」というのだから、2-1で挙げた先行研究はすべて〈解

釈①〉のつもりなのかもしれないが、実際の使用例を数多く取り扱ってきた敬語研究の専門家達が、一文内に現れる述語句すべてにことごとく同程度の待遇表現形式を使うことが基本である——つまり敬意は述語句ごとに表現される——と考えるというのもあまり現実的ではないように思う。だからといって〈解釈②〉とか〈解釈③〉なら問題はないかというと、そうもいい切れない。例えば、

(3) 先生はランチを召し上がっていた。そうしながら学生とお話しをされた。そしてあわてて会議に出席した。その後お宅にお帰りになった。

のような文の連続の場合を考えてみると、「待遇の程度は文ごとに決まる」という〈解釈②〉や〈解釈③〉の前提に関しても問題が生じてくる。(3)の4つの文のうち、3番目の文だけが「出席した」と無敬語なのと、ここも「出席された」とか「ご出席になった」という文であるのとでは、〈解釈②〉だとしても〈解釈③〉だとしても、先生の待遇が変わるといわなければならないが、果たしてそんなことが現実の言語使用のあり方としてあり得るのだろうか。文の連続といっても、長時間にわたる長い談話でも、絶対敬語であるためにはいっさいのゆれが認められないのか。仮に文の集合（＝談話）のような、文より大きな単位を設定して、その単位で「常に」だと考えるとしても、100の連続した文のうち、無敬語の文がひとつだけでも現れたら、それだけでもう絶対敬語とはいえなくなるのか。100の連続した文の中に、無敬語の文がたったひとつ現れるのと、た

ったふたつ現れるのとでは待遇の仕方が違うのか。こういう点に関して、それぞれの先行研究がよく考えた上で2-1で引用したような説明をしているとはとても思えない。本書の著者は、先行研究の定義が、この点をよく考えた上で説明すべきなのにそうしていないといって批判しているのではない。そうではなくて、ここに挙げたような問題は、よく考えたとしても明確な結論が出せないタイプの問題なのであるということを主張したいのである。そして、そうであるにもかかわらず、絶対敬語という概念は、その点を明確にしなければその存在自体を主張しにくい概念であること、ということは、絶対敬語というものが本当に存在し得るものなのかという方向で、その存在自体をもう一度考え直す必要があると思われることに注意を喚起したいのである。

2-3. 絶対敬語の存在を支える言語的事実

2-2で述べたように、絶対敬語という敬語発達の段階は、その定義の中にある「常に〜」という部分の解釈だけを考えても、その実在性を主張することが難しいものだと思われる。ここでは、これまでの敬語史研究において、何を根拠に絶対敬語の時代が過去に実在したと主張されてきたのかという点について考えていく。

従来の進歩史観的敬語論において、過去の日本語に絶対敬語という段階があったことの根拠として挙げられている事象を探してみると、主なものとしては2つしかないことがわかる。ひとつは一般に「自敬表現」と呼ばれている敬語の使い方で、もうひとつは「身内尊敬表現」あるいは「身内敬語」などと呼ばれる敬語使用法である。

例えば次に引用する菊地康人（1994）は、この自敬表現および身内尊敬表現（身内敬語）と絶対敬語の関係を基にして、日本語の敬語の変遷について次のように述べている。

敬語の使い方の歴史については、古くは身内敬語に加えて自敬表現まで行われていた徹底した絶対敬語であったが、まず自敬表現が少なくとも話し言葉では影をひそめ、身内敬語はなおしばらく残ったが（源氏物語の段階でも、自敬表現の衰えを別にすれば基本的には絶対敬語といってよかろうが）、時代が下ると聞手によって敬度を加減するという相対敬語的な要素がましてきて、ついには身内敬語を差し控えて、敬語的人称に従って使う相対敬語へと変化してきた――つまり、次第に絶対敬語性を弱め、相対敬語性を強めてきた――というように、大まかな流れとしては素描できそうである。

この記述からも、自敬表現と身内尊敬表現は、絶対敬語の存在を支える重要な根拠として扱われていることがわかるであろう。そして他の先行研究を見ても、自敬表現と身内尊敬表現の使用例が過去の文献に存在すること以外に、絶対敬語の時代が実在したことを裏付ける言語事象を積極的に見いだそうとしたと思われるものは見当たらない。自敬表現と身内尊敬表現の2つだけで十分だと考えているというより、過去の日本語に絶対敬語という段階が存在したことは、いちいち証拠を挙げるまでもなく、自明の事実だと思い込んでいるかのようである。次の第3章と第4章では、自敬表現と身内尊敬表現について、これらの使用例が過去の文献に見いだせることと、絶対敬語という段階を設定することとの間に整合性があるかどうかという点について、文献の用例調査を中心として検討していく。

第3章　自敬表現と絶対敬語——絶対敬語を支える事象の検証①

1. 自敬表現の定義と先行研究

1-1. 問題の設定

『古事記』の中では、神や天皇など、世界や社会の最上位のクラスにいる者が、自身の発話の中で、自身を高く位置づけるような敬語の使い方をしている場合があり、日本語研究ではこの用法を自敬表現と呼ぶことが多い。自敬表現は『古事記』と同時代、およびそれ以後の時代のいくつもの文献にも見られ、それらに関する研究も数多く行われている。そして、この自敬表現に関する先行研究の中には、この言語事象が、本書の第2章で述べた絶対敬語という、現代とは異なる敬語発達段階の典型的な現れであると主張したり、あるいは主張するまでもない前提とみなしているものがかなり存在している。自敬表現研究におけるそのような認識は、裏を返せば自敬表現の存在が過去に絶対敬語の時代があったことの証明になるという考え方につながるものである。

この第3章では、『古事記』の中に現れる自敬表現に関して、その出現状況を確認し、それが絶対敬語の結果としてそうなっているといえるのかどうかを検証していく。さらに、話し手が自分自身に敬語を使用すること（自敬表現）と、話し手と待遇の対象との上下関係という条件だけによって待遇が決定すること（絶対敬語）とを結びつけて考えることが妥当かどうかという点についても議論していく。なぜ、そのような検証や議論をするのかといえば、自敬表現と絶対敬語を関連づけて考える先行研究は多くあるのに、どうして関連づけて考えなければならないのかという点を、十分に検討した上でそうしているものがあまりないように思われるからである。

1-2. 自敬表現の定義

自敬表現の使用の実例にあたる前に、ここではまず先行研究を参照しながら、本書における自敬表現の定義を確定しておく。

現段階において、自敬表現に関する最も包括的な研究書といえるのは西田（1995）であろう。そこではまず第1ページで次のように自敬表現を定義している。

ここに「自敬表現」というのは、話手（第一人称者）が自分の動作や自分に関するものごとを尊敬語によって表現し、聞手や第三者の第一人称者（話手）に対する行為を謙譲語によって表現する言語表現である。（中略）つまり、話手が自分自身を聞手、第三者よりも上位に位置づけた形の敬語表現が「自敬表現」である。

その他の先行研究における自敬表現の定義も、この西田（１９９５）の定義と趣旨はほとんど同じで、検討の際に問題にしなければならないほどの違いは見られない。[注29] よって本書でも、基本的にこの西田（１９９５）の定義に従って自敬表現という用語を使用していく。ただし、本書においては、「御〜」などの名詞に付けられる接辞の類は、用例の採取対象としても検討対象としても取りあげない。自分の身体や自分のモノ、自分の行為や状態にそういう接辞を使用することを自敬表現の一部として認めないというのではなく、述語句に関わるプラスの待遇形式だけを取りあげて説明する方がシンプルであり、しかも本章のような問題設定の場合は、結論も変わらないと考えるからである。

なお、自敬表現に関しては、そういう言語事象が過去の日本語社会に実際に存在したこと自体を認めないという立場の先行研究がいくつかある。[注30] それらの主張の趣旨は、文献に見られる会話文中に現れる自敬表現——自分の行為を尊敬語で表したり、自分に向かう他人の行為を謙譲語で表したりする表現——は、当該の時代の一般的な口頭による言語使用において実際に使用されていた表現方法ではなく、今でいうところの間接話法的な記述の仕方が紛れ込んで、権力者に対する筆録者の敬意が言語化してしまった結果であるとみなそうとするものである。このような、自敬表現の存在自体を否定する考え方に対して、西田（１９９５）では、「もしそうなら、その筆録者の敬意が天皇の発言の中に現れてしまっているような記述は、当時の読み手に不自然な感じを与えたはずであり、そのような不自然な記述が公式な文書として成立するのはおかしい」という趣旨の批判をしている。[注31] 本書の著者も、この点に関しては西田（1995）の批判が妥当であると考え、上代を初めとして過去の多くの文献に見られる自敬表現の存在を基本的に認めるものである。

1-3. 先行研究における自敬表現と絶対敬語の関係のとらえ方

ここでは、絶対敬語という敬語発達の一段階と自敬表現の存在とをどのような関係としてとらえるかという本章の主たるテーマに関する、先行諸研究の記述をみていくことにする。絶対敬語についての説明的記述がある論文・研究書や概説書、辞書・事典類には、絶対敬語の説明とあわせて、あるいはその説明の一部として自敬表現について言及しているものが多くある。また逆に、自敬表現についての説明的記述の中に、絶対敬語との関係を示したものもある。それらのうちのいくつかを次に列挙する。

金田一京助（1959）
絶対敬語の特色には、第一人称にも敬語形が用いられることである。父や夫が、子や妻に対していう場合がそれである（アイヌ語の例は略する・本書著者注）。
　これについて思い合わされることは、古事記の八千矛の歌では、大国主の神が、高志国の沼河比売に向かって、自ら『吾が立たせれば』と敬語を用いておられる。万葉集六巻にも（用例略）とある類である。絶対敬語とはこういう類を言うのである。

辻村敏樹（1992）

…事実、記紀万葉等における敬語表現は、神や天皇に対するものが非常に多く、そのことからも、敬語が当初絶対的権力者への畏敬の念に発したことは疑う余地がないものと思われる。
　もっとも、「万葉集」でも恋人間の相聞の歌とか、友人間の歌などでも敬語は相互に用いられることもあるが、総じて上代の敬語は上下関係に基づいた尊卑の識別意識の現れであったと言えよう。そして、それなればこそ、天皇が自らを絶対上位者として用いる次のような自敬表現も現れることになる。（用例略）
　こういった敬語の使い方は、その後も行われなかったわけではないが、段々衰えて行き、今日では諧謔的表現の他は全く姿を消してしまっている。それは敬語が絶対的用法から相対的用法へと移ってしまったことを示すものと言える。

橋本四郎（1980）

宣命その他には天皇または高貴な人物が、みずからに尊敬を、他に謙譲の表現を用いることがあって、絶対敬語、自敬表現などと称し、当期の一特色をなしている。

辻村敏樹（１９７７）

…古代においては、同一の対象については人称・場面の如何にかかわらず、常に一定の敬語を用いた。つまり絶対的な用法であった。これを絶対敬語という。古代に用いられたいわゆる自敬表現、たとえば（用例略）の例などは、神や天皇が自らを絶対的な上位者として表現したもので、典型的な例といえる。

菊地康人（１９９４）

自敬表現は絶対敬語の使い方の最たるものだが、時代が下ると衰えていく。

西田直敏（１９９５）

日本語の敬語は、古代の絶対敬語から現代の相対敬語へと展開してきたことは動かせない事実であり、「自敬表現」が古代の絶対敬語に発することも確かである。

桜井光昭（１９８８）

自敬表現という用語では、天皇またはそれに準ずる存在が使用対象である場合がよく知られている。しかし、絶対敬語の面から見るならば、謙譲語の奉ル、賜ル、申ス（いずれも本動詞の場合）など、天皇に限らず、話し手が自己を使用対象とした使用が一般に見られる。

橋本（1980）をみると、読み方によっては自敬表現＝絶対敬語と考えているようにも受け取れるが、そこまで極端な関係づけは管見の限りでは他にはない。それ以外は、金田一（1959）をはじめ、辻村（1977）、菊地（1994）などのように、自敬表現は絶対敬語の時代の典型的な現れであるとみなしている。典型的な現れということは、絶対敬語であれば、神や天皇などの最上位者は必然的に自分に敬語を使うことになるということである。これが自敬表現と絶対敬語の関係についての、現段階でも最も標準的なとらえ方といえるように思う。

次の2節以降では、絶対敬語の時代の文献といわれている言語資料の調査の結果も参考にしながら、ほんとうに最上位者が必然的に自分に敬語を使用しているといえるのかという点について検証し、自敬表現と絶対敬語の関係についてのとらえ方に関する再検討を行う。

2.『古事記』にみられる自敬表現

2-1. 調査対象

前節で示した自敬表現の定義に合致するような敬語使用は、日本語史上のかなり長い期間に渡って見られる。西田（1995）では、

本書で、「自敬表現」として歴史的にその実相を追究してきた表現は、文献的には、法隆寺薬師仏光背銘（推古天皇十五年〈六〇七〉、成立を天武天皇の時代〈六七三―六八六〉とする説もある）の「我大御病太平欲坐故」から近代に至る千三百年程の期間にわたって極めて明確な跡を残している。p620

と述べ、さらに、

社会史的に見れば、「自敬表現」という言語的手段は、古代から近代に至る約千三百年間、社会の支配者層の最高権威、最高権力のいわば言語的顕示として用いられ続けたということになる。p625

とまとめられている。ただし、多くの先行研究で、絶対敬語と直接的に結びつく敬語的手段として認識されている自敬表現は、上代の記紀万葉や宣命などにみられる神々や天皇による自敬表現である。本章で確認したいのも、そのような、いわば最も典型的と考えられている自敬表現が、果たして絶対敬語的言語使用の必然的な現れとみることが本当に妥当なのかという点である。よって本章では、『古事記』にみられる神々や天皇による自敬表現の使用例にあたりながら、それが絶対敬語的に使用されているかどうかを確認していくことにする。

2-2．敬意を表す単位の設定

2-1の最後に述べた「(『古事記』の自敬表現が)絶対敬語的に使用されているかどうかを確認していく」ということは、いい換えれば『古事記』の自敬表現が、用いられる場合には「常に」用いられているかどうかを確認するということである。本章の目標はまさにその点なのである。本章の目標を達成するためには、自敬表現の使用者を見つけて、その使用者の発話が聞き手Aに向けられている場合も、聞き手Bに向けられている場合も、聞き手Cに向けられている場合も「常に」、つまりひとつの例外もなく、自分の動作なら尊敬表現が使用され、自分を対象とする自分以外の主体の動作なら謙譲表現が使用されているかどうかを確認するということになる。

その際、前章(第2章)でも述べたように、どういう単位を基準にして「常に」用いられているとか、用いられていないとかを判断すればいいのかという点が問題になる。「今年の冬は、常に毎朝暖房が必要だった」といえば、一日を単位として「常に～」といっているのに対して「21世紀に入ってからは、常に毎年インフルエンザが流行している」といえば一年が単位になっているのであり、前者は一日でも暖房を使用しない朝があったら成り立たないのに対して、後者は一年でもインフルエンザが流行しない年があったら成り立たないということになる。このように、「常に」使用されているかどうかを検証するためには、まず単位を設定しなければならないということである。第2章では、この点に関して3つの解釈を提示して議論した。その結果、「常に

〜」という場合の単位を述語句と考えても文と考えても問題が残ることが確認されたといえるであろう。そこでここでは、句や文を単位として用例にあたっていく作業に加えて、少しでも現実味が増すように、より大きな単位も設定して検証していくことにする。ここでより大きな単位というのは、西田（1995）で採用されている「発言」という単位であるが、本書ではそれを「発話」という用語として用いる。次に具体的な例を挙げる。注32

（伊耶那岐命《イザナキノミコト》が）是に其の妹伊耶那美命《イサナミノミコト》に問ひて曰《の》り給はく
（そこで妹の伊耶那美命におたずねになるのには）

「汝が身は如何《いかに》か成れる」

（おまえの身体はどのようにしてできたのか）

と曰り給へば、答曰へ給はく（とおっしゃると、お答えになるには）

「吾が身は成り成りて成り合はざる処一処在り」

（私の身体はだんだん出来上がってきたのですが、まだよく出来あがっていないところが一か所あります）

と答へ給ひき。爾《ここ》に伊耶那岐命詔《の》り給はく（とお答えになった。さらに伊耶那岐命が仰せになるには）

「我が身は成り成りて成り余れる処一処在り。故、此の吾が身の成り余れる処を以ちて、汝が身の成り合はざる処に刺し塞ぎて、国土を生み成さむと以為《おも》ふ。生むこと奈何《いかに》」

（私の身体はだんだん出来上がってきたのだが、出来すぎたところが一か所ある。だから私のこの出来すぎたところを、おまえの出来上がっていないところに差し入れて塞いで、国土を生成しようと思う。どうだろうか）

とのり給へば、伊耶那美命　（とおっしゃると、伊耶那美命は）

「然善《しかよ》けむ」

（それは結構でしょう）

と答曰へ給ひき。（とお答えになった）

『古事記・上巻』（『日本古典文学全集1　p53』）

上の引用のうちの伊耶那岐命と伊耶那美命の発話部分（「　」内）が「発話」という単位である。引用部分の中には4つの「発話」があるということになる。「然善けむ」という非常に短い文がひとつだけの「発話」もあるし、そのひとつ前の伊耶那岐命の「我が身は成り成りて…生むこと奈何」のように複数の文からなる長い「発話」もある。ただし、この「発話」という単位の設定は、『古事記』のようなスタイルの資料には適用しやすいが、それ以外の資料にもそのまま適用することが有効だとは限らない。例えば、ひとりの話し手が一方的に長時間話し続けたり、逆に会話参加者の間で頻繁に話権の交代が繰り返されるような場合は、「発話」という単位がものすごく大きくなってしまったり、文という単位と大差ないものになってしまったりするからである。

2-3. 自敬表現の使用者と実例

次に、『古事記』内での自敬表現の使用者を挙げる。なお、本書で考察対象とする自敬表現は、会話文中の述語句に現れるもののみで、地の文や歌謡は除外してある。つまり、話し手自身の行為を尊敬表現で表すか、話し手を対象とした、あるいは何らかの意味で話し手にむけられた聞き手や第三者の行為を謙譲表現で表している言語使用を自敬表現とみなすということである。そのような自敬表現の使用者を列挙すると次のようになる。なお、「AさんとBさんが『…』と言った」のような複数の話し手によるひとつの発話に自敬表現がある場合はそれぞれの話し手が自敬表現を使用したということにした。

須佐之男命《スサノヲノミコト》、天照大神《アマテラスオホミカミ》、高御産巣日神《タカミムスヒノカミ》、御諸山神《ミモロヤマノカミ》、海神《ワタノカミ》、邇邇芸命《ニニギノミコト》、神武《ジンム》天皇、五瀬命《イツセノミコト》、景行《ケイコウ》天皇、応神《オウジン》天皇、反正《ハンゼイ》天皇、安康《アンコウ》天皇、雄略《ユウリャク》天皇、道臣命《ミチノオミノミコト》、大久米命《オホクメノミコト》、八咫烏《ヤタガラス》

このうち、まず須佐之男命と天照大神の自敬表現を挙げてみる。[注33]

〈須佐之男命の自敬表現〉

(1) 是汝之女者奉於吾哉（是の汝の女をば吾に奉らむや）（このおまえ達娘を私に差し上げるか）

→聞き手：足名椎・手名椎

(2) 吾者天照大御神之伊呂勢者也。故今自天降坐也（故、今天より降り坐しつ）（今天上から降り立たれたところだ）

→聞き手：足名椎・手名椎

〈天照大神の自敬表現〉

(3) 因吾隠坐而以為天原自闇、亦葦原中国皆闇矣、何由以天宇受売者為楽、亦八百万神諸咲（吾が隠り坐すに因りて、天の原自ら闇く…）（私が隠れていらっしゃるので）

→聞き手：天宇受売神

(4) 此之鏡者専為我御魂而、如拝吾前伊都岐奉。次思金神者取持前事為政（此の鏡は専ら我が御魂と為て、吾が前を拝くが如いつき奉れ）（謹んで私にお仕えいたしなさい）

→聞き手：邇邇芸命

(5) 所遣葦原中国之天菩比神、久不復奏。亦使何神之吉。（久しくかへりごと奏さず）（長い間お返事を申し上げなかった）

→聞き手：八百万神・思金神 〈ほぼ同様の例がもう2例あり〉

(6) 此葦原中国者、我御子之所知国、言依所賜之国也。故以為於此国道速振荒振国神等之多在。是使何神而将言趣。（我が御子の知らす国と言依せ賜へる国なり）（委任なさる国である）

→聞き手：八百万神・思金神

(1)は、須佐之男命が聞き手である足名椎・手名椎に、彼らの娘を自分にくれるように要求している時の表現で、聞き手を動作主とする謙譲表現である。また、(2)は、須佐之男命が、自らを動作主とする文の述語句に尊敬表現を使用している。天照大神は発言量が多い分、須佐之男命より自敬表現も多い。(3)〜(6)の他に、中巻以降の人代になっても「天照大神の御心」として人間と会話しているなかに自敬表現がいくつかみられる。(3)と(6)が自分の動作に尊敬表現を使用した例、(4)(5)は聞き手や話題の人物の自分に対する動作に謙譲表現を用いたものである。

2-4. 須佐之男命の自敬表現

2-4-1. 須佐之男命の発話中の1人称の述語句

2-3に挙げた用例によって、須佐之男命と天照大神が自敬表現を使用していることは確認された。次に確認しなければならないことは、この2人は、自分自身の行為に関しては「常に」尊敬表現を用い続け、自分に向かう聞き手や話題の人物の行為は「常に」謙譲表現を用い続けているかどうかということである。次に挙げるのは、須佐之男命の発話中に見られる、自分自身を主格とする行為や状態の表現に使われた述語部分を、2-2で説明した「発話」という単位別に示したものである。[発話①][発話②]…それぞれが1発話に該当し、例えば[発話①]であれば、その「発話」の中に「罷らむ」、「欲ふ」、「哭く」という3つの動詞句が含まれることを表している。［発話①］で「欲ふ」と「哭く」が〈 〉の中に一緒に入れられているのは、この2つの動詞句が同一文の中に現れる動詞句であることを示している。逆に「罷らむ」は一緒の括弧にいれられていないが、これは「欲ふ」や「哭く」とは違う文に出てきた動詞句であるという意味である。これによって、「常に～」の解釈を句単位で検証することも、文単位として検証することも、発話単位として検証することもできることになる。（ ）内は聞き手を表わすが（ϕ）は独白か聞き手が限定できない場合である。なお、自敬表現の用例として挙げた(2)は、［発話⑨］の傍線部に現れている。

［発話①］罷らむ、〈欲ふ、哭く〉（聞き手：伊耶那岐）
［発話②］請して、罷らむ（聞き手：伊耶那岐）
［発話③］無し（聞き手：天照大神）
［発話④］哭きいさちる（聞き手：天照大神）
［発話⑤］往かむ、欲ひて、哭くなり（聞き手：天照大神）
［発話⑥］罷り往かむ、請さむ、以為ひて、参上りつれ、無し（聞き手：天照大神）
［発話⑦］誓ひて、生まむ（聞き手：天照大神）
［発話⑧］清く明し、生める、言さば、勝ちぬ（聞き手：天照大神）
［発話⑨］同母弟なり、降り坐しつ（聞き手：足名椎・手名椎）

［発話⑩］来て、すがすがし（聞き手：φ）

須佐之男命の使用した自敬表現が絶対敬語の反映だとしたら、聞き手がかわっても、ということはもちろん聞き手がかわらなくても、常に自分の動作には尊敬表現を使用しているはずである。ところが上に示した須佐之男命自身の行為や状態を表す言語表現の述語部分を一覧してわかるように、［発話⑨］に現れる「降り坐しつ」以外の述語部分には、尊敬表現が一例も現れていないばかりか、伊耶那岐命や天照大神が聞き手の場合には自分の行為を謙譲語で表現している例さえ見られる。敬意の表現は発話単位で行われると考えたとしても、このような言語使用は決して絶対敬語的な尊敬語の使用といえるものではないことは明らかである。発話単位ではなく句単位や文単位で考えると、なおさら絶対敬語としての用法から遠ざかるばかりである。

2-4-2. 須佐之男命の発話中の2、3人称の述語句

次に、同じく須佐之男命の発話中に現れる2、3人称の述語句を発話ごとに列挙する。ここでは同一文中に複数の述語句が現れることはなかった。自敬表現の(1)は［発話⑤］に現れている。なお、ここには須佐之男命の発話中に現れる、聞き手や第三者を主格とする述語句をすべて挙げたので、それらは必ずしも須佐之男命に対する行為に限られているわけではない。つまり初めから自敬表現が現れる可能性のないものも含まれているということである。[注34] その中で明らかに須佐

之男命に対する行為といえるものには★印をつけている。

［発話①］問ひたまへり　（主格：天照大神、聞き手：天照大神）

［発話②］得つ　（主格：我が生める子、聞き手：天照大神）

［発話③］誰ぞ　（主格：足名椎・手名椎、聞き手：足名椎・手名椎）

［発話④］啼く　（主格：足名椎・手名椎、聞き手：足名椎・手名椎）

［発話⑤］奉らむや★　（主格：足名椎・手名椎、聞き手：足名椎・手名椎）

［発話⑥］醸み、作りもとほし、作り、結ひ、置きて、盛りて、待ちてよ★

（主格：足名椎・手名椎、聞き手：足名椎・手名椎）

［発話⑦］任れ★　（主格：足名椎・手名椎、聞き手：足名椎・手名椎）

これも2-4-1の1人称の述語句と同様、どう見ても絶対敬語の段階であったことの現れとはとうてい思えない状態である。自敬表現の使用者である須佐之男命は、聞き手の影響を受けずに「常に」自敬表現を使っているのでは決してない。少なくとも須佐之男命の自敬表現は、絶対敬語とはまったく関係ない原理によって運用されているものとしか考えられないということである。

2-5. 天照大神の自敬表現

2-5-1. 天照大神の発話中の1人称の述語句

次に、天照大神の発話中に現れる述語句のうち、自分の行為や状態を述べたものを発話ごとにまとめて挙げる。自敬表現は［発話②］［発話③］［発話⑦］［発話⑧］に現れる。

［発話①］知らまし（聞き手：須佐之男命）
［発話②］隠れます、以為（おも）ふ（聞き手：天宇受売神・八百万神）
［発話③］言依さし賜へる、以為ほす、使はす、言趣けむ（聞き手：八百万神）
［発話④］遣はす、使はさば（聞き手：思金神・八百万神）
［発話⑤］遣はして、問はむ（聞き手：思金神・八百万神）
［発話⑥］遣はさば、（聞き手：思金神・八百万神）
［発話⑦］言依さし賜ひし（聞き手：天忍穂耳神）
［発話⑧］言依さし賜ふ（聞き手：邇邇芸命）

句や文の単位で考えたとしても、発話単位で考えたとしても、自分の行為について自敬表現を使用する場合としない場合が混在していて、絶対敬語であったことの結果としての用法とは言い難いことは、須佐之男命の発話と同じである。

2-5-2．天照大神の発話中の2、3人称の述語句

次に、天照大神の発話中に現れる述語句のうち、2人称、3人称の述語句を発話ごとにまとめて挙げる。自敬表現、つまり天照大神に対する聞き手や第三者の行為に謙譲表現を用いた例は［発話⑨］［発話⑫］［発話⑬］［発話⑮］に現れる。

［発話①］上り来る★　奪はむ★　欲（おも）ふ（聞き手：φ）
［発話②］上り来つる★（聞き手：須佐之男命）
［発話③］あるべからず（聞き手：須佐之男命）
［発話④］清く明き（聞き手：須佐之男命）
［発話⑤］生れし×2、成れり×2（聞き手：八百万神）
［発話⑥］屎なす、〈酔ひて、吐き散らす〉　為つらめ×2、〈離ち、埋むる〉
［発話⑦］〈楽をし、咲へる〉（聞き手：天宇受売神・八百万神）
［発話⑧］在り（聞き手：思金神・八百万神）
［発話⑨］〈拝く、いつき奉れ★〉（聞き手：邇邇芸命）
［発話⑩］知らす（聞き手：φ）
［発話⑪］知らす　在り（聞き手：思金神・八百万神）
［発話⑫］奏さず★（聞き手：思金神・八百万神）

［発話⑬］奏さず★（聞き手：思金神・八百万神）
［発話⑭］行きて、問はむ、問へ（聞き手：鳴女）
［発話⑮］白せり★、降り坐して、知らし看せ（聞き手：天忍穂耳神）
［発話⑯］知らす、天降り坐す（聞き手：邇邇芸命）

須佐之男命の発話と同様に、聞き手や第三者の行為について、尊敬表現、無敬語、謙譲表現（自敬表現）のすべてが現れていることがわかる。自分に関係した行為と確実にいえるものだけについて見ても（★印）、それらのすべてに謙譲表現が使われているわけではない。

2-6. 神武天皇の自敬表現

これまで、須佐之男命と天照大神の発話を検討し、確かに自敬表現は使われているが、それは絶対敬語だから現れているものとは決していえないことを明らかにしてきた。次に、神々ではなく天皇の発話も検討してみる。『古事記』において、天皇で自敬表現がみられる話し手は6人ほどいるが、その中から神武天皇の発話をとりあげる。これまでと同じように、1人称と2人称（3人称の用例はない）に分け、発話単位で述語句を示すと次のようになる。

〈1人称述語句〉
［発話①］坐さば、聞こしめさむ、行かむ　思ふ（聞き手：ϕ）

［発話②］寝ねつる（聞き手：高倉下）
〈2人称述語句〉
［発話①］誰ぞ（聞き手：槁根津日子）
［発話②］知れりや（聞き手：槁根津日子）
［発話③］〈従ひて、仕へ奉らむや〉（聞き手：槁根津日子）
［発話④］誰ぞ（聞き手：贄持之子）
［発話⑤］誰ぞ（聞き手：井氷鹿）
［発話⑥］誰ぞ（聞き手：石押分之子）
［発話⑦］〈聞かば、斬れ〉（聞き手：八十膳夫）

全体として用例が多くないが、同じく自分の行為であっても、述語部分に尊敬表現を使ったり使わなかったりしているし、2人称の述語部分にも謙譲表現があったりなかったりする。神武天皇も自敬表現を使っていることは確かだが（傍線のある用例）、それは絶対敬語であったことの必然的な結果とは言い難いのは、神々の発話の場合と同じである。

2-7. 自敬表現が見られるその他の話し手の発話

『古事記』の中で自敬表現を用いるその他の話し手に関しては、用例をひとつひとつ見ることはせずに、次ページに〈表〉としてまとめた。表の中で「1人称その他」というのは、自分自身の動作や状態を述べる場合の述語句に尊敬表現を使わなかった例の合計数で、無敬語の場合と謙譲表現の場合もまとめた数値である。「2、3人称謙譲」と「2、3人称その他」の関係もこれと同じである。

この表からは使用した回数しかわからないが、それでも「常に」自分を高く待遇している話し手はひとりもいないということ、自分を高く待遇することより、そうしないことの方が回数的にはずっと多い話し手がほとんどであることは理解できるであろう。

2-8．『古事記』の調査のまとめ

以上、詳しく用例を挙げたのは3人だけだが、自分の行為を「常に」尊敬表現で言い続け、自分に関係する自分以外の人の行為を「常に」謙譲表現で言い続けている話し手など、『古事記』の中には1人も出てこないことがわかった。「常に」と認定するための基準をどのレベルに設定してもそれは同じことである。本章で何度も確認してきたように、絶対敬語であるためには、自敬表現を「常に」使い続けるか、いっさい使わないかのどちらかでなければならないのである。よって、少なくとも『古事記』の言語使用を調べた限りでは、自敬表現を絶対敬語の典型的な例だと考えるとか、絶対敬語の必然的な結果だと考えることは、「絶対敬語」の定義を変更しない

〈表〉その他の話し手の待遇表現

	1人称尊敬（自敬表現）	2、3人称謙譲（自敬表現）	1人称その他（非自敬表現）	2、3人称その他（非自敬表現）
高御産巣日神	3	4	5	20
御諸山神		1	1	2
海神		1	1	29
邇邇芸命		2	1	9
五瀬命、	2	1	11	
景行天皇		2		7
応神天皇	2		1	7
反正天皇	2		16	5
安康天皇、		1	3	4
雄略天皇	1	1	2	9
道臣命		2	1	1
大久米命		2	1	1

限り不可能だといわなければならない。

なお、『古事記』をはじめとする諸文献において自敬表現の使用が徹底していないという事実は、多くの先行研究ですでに指摘されているものである。自敬表現と絶対敬語を結びつけて考えようとする先行諸研究にとって、その事実は当然好ましいものではなく、是非とも何らかの説明が必要なはずである。ところが本書の著者が見る限り、この重要な問題点はたいへん軽視されている。この点に関する先行研究の説明はただひとつ、「『古事記』の時代でさえすでに絶対敬語から相対敬語への変化の過渡期であったため自敬表現の使用も徹底していなかった」という趣旨のものである。[注35] この安易な説明が、実はまったく説明になっていないことに関しては第5章で詳しく述べる。

3．第3章のまとめ

3-1．自敬表現の存在が絶対敬語の根拠とならない理由

本章第2節での調査結果を通して述べたように、1-2で定義した自敬表現に該当するような敬語の使い方をする話し手は『古事記』の中に確かに複数存在する。そして西田（1995）をはじめとする先行諸研究の述べるところによると、同時代の他の言語資料にも、またその後の時代の資料にもそういう話し手は存在するようである。それだけ多くの実例が指摘できるのだから、

存在するのは『古事記』やその他の文献の中だけというのではなく、大まじめに自分のことを高く待遇するような話し手や、そうされても違和感なく受け入れる聞き手は、過去のいくつもの日本語社会に実際に存在していたのだと考えていいと思う。しかし、だからといってそれは、そういう社会が絶対敬語の段階であったとか、絶対敬語の名残りがまだ残っている段階であったことの証明には全くならない。なぜそうなのかという理由は本書にとっても非常に重要なので、ここでは、次の3つの方向から少し詳しく検討して整理しておきたい。

① 絶対敬語であれば、その当然の結果として自敬表現が現れるといえるのか。
② 絶対敬語でなければ、自敬表現は現れ得ないといえるのか。
③『古事記』など過去の文献に実際に現れる自敬表現は、絶対敬語の段階であった結果として解釈すべきなのか。

このうち③は、少なくとも『古事記』の自敬表現に関しては、本章のここまでの調査、考察などによってすでに決着済みである。すなわち、『古事記』にみられる自敬表現は、絶対敬語であったことの必然的な結果として現れているとは決して解釈できないような出現分布を示しているということである。それならなぜ『古事記』に自敬表現があるのかという点については、②を検討する際に述べることになる。

次に①について考えてみよう。絶対敬語というのは第2章でみたように、話し手と待遇の対象となる人物との地位の上下関係だけから敬語の使用―不使用が決定され、その結果、どんな言語的場面においても、常に一定の敬語で表現されるという敬語のあり方であった。この定義をもとにして、例えば神武天皇の発話中に見られる自敬表現について検討してみる。

神武天皇は当時の最高権威者で一番偉い人だとする。そうすると、この絶対敬語の定義を適用すると、「自分より偉い人がいない神武天皇は、誰もがみんな目下になってしまうので、その地位にいる限り敬語を使うチャンスが一度もない」という結論には到達するであろう。そして、『古事記』に反映された言語が本当に絶対敬語の段階だったとしたら、神武天皇の発話を調査しても、その中にひとつも敬語が見いだせないという調査結果が予想されるはずである。絶対敬語を先のように定義する限り、そこから論理的に導き出せる結論はこのようなものになるはずである。ところが絶対敬語と自敬表現を関係づけて解釈する先行研究では、「他に誰も敬語を使う相手がいない場合は、話し手としての神武天皇と待遇の対象としての神武天皇が突然分離して、前者が後者に敬語を使い続ける」などというおよそ絶対敬語の定義とは関係ないと思われる結論を強引に導き出している。金田一（1959）がどうしてこのような結びつけ方をしたのかはともかくとして、本書の著者には、それよりその後の敬語史研究の多くの論考において、なぜこの点がまともに検討されることもなく受け入れられてきたのかということの方がさらに不思議に感じられる。自分自身を高く待遇することと、話し手にとっての絶対的上位者を常に高く待遇するということとは、後者の存在が前者の成立にとっての不可欠な条件であるとか、前者が後者の存在の必然的な結果であるなどという関係にあるものではまったくないのである。この点はとても重要ではあるが、それほど難しい論理だとは本書の著者には思われない。しかし、多くの先行研究では理解されていないようである。

確かに「自分のことを高く待遇すること」も、「同じ待遇の対象については、聞き手や場面や状況とは無関係に常に同じ待遇の仕方をすること」も、どちらも現代の多くの日本語母語話者にとっては違和感のある言語使用だといえよう。しかし、どちらにも違和感があるからといって、その2つが必ずしも切っても切れない関係にあるとは限らないのである。改めていうまでもないことだが、自敬表現の説明の中によく出てくる「絶対的な上位者」という用語の中の「絶対的」と、「絶対敬語」の「絶対」はまったく違う「絶対」なのである。

3-2. 相対敬語と自敬表現の親和性

次に先に挙げた②について検討する。この②は、「自敬表現はなぜ、何のために存在したのか」という問題につながるものである。当時の日本語社会が絶対敬語であったことの必然的な結果として自敬表現が現れたという先行諸研究の立場からすると、『古事記』に自敬表現がみられるという事実に対するそれ以上の説明は不要なはずである——ただし、見られないことの方が多いという事実に対する説明は必要だが――。ところが例えば西田（１９９５）には、自敬表現の効果に関して次のような説明がみられる。

神のことばは、常人のことばとおなじであってはならない。常人のことばと違う特別のことばであるが、常人にわかることばとして伝達されねばならない。（中略）「自敬表現」は、神のことばに常人と異る神秘な威力、尊厳性を付与する仕掛であった。

西田（１９９５）によると、古代の自敬表現はまず神のことばとして形成されたもので[注36]あり、もともとはその神のことばに威信を与えるという効果を期待されたものであったということである。しかし、もし絶対敬語の定義にあるように、上位者に対しては尊敬語で表現する以外の選択肢がはじめから存在しないとして、さらに話し手自身が最高権威者の場合は自分に敬語を使い続ける以外に選択肢がないとしたら、ここで西田（１９９５）が述べるような効果は全く期待できないはずである。このような効果が発揮されるためには、自分の行為について尊敬語で表現する以外にも謙譲語で表現するとか、あるいは尊敬語も謙譲語も使用せずに表現するなど他の可能性もある中で、あえて尊敬語を選択するからこそそのものなのである。最高権威者が自分自身の行為についていろいろな待遇表現の可能性があるというのは絶対敬語の社会ではありえないことであり、絶対敬語の結果として自敬表現が現れるという立場の西田（１９９５）が、さらにそれ以外に自敬表現を使用する理由を説明しようとすること自体が矛盾しているのである。しかしだからといって、本書の著者はここで引用した西田（1995）の自敬表現の効果についての主張をすべて否定しようというわけではない。自敬表現を使用する効果を、第1章で展開した本書の著者なりの敬語観に沿った形でいうとすれば、『待遇の対象としての自分と聞き手であるあなたとの関係を自分が上、あなたが下というような関係として認識している、自分はそういう人間である』ということになる。西田（1995）が述べる自敬表現の存在意義についての説明は、これと対立する考え方だとは思えないし、絶対敬語の結果として現われたものだという部分さえはずすなら、基本的にはこういう考え方も成り立つと思う。[注37] 本書の著者が否定したいのは西田（1995）が主張する自敬表現の効果ではなく、絶対敬語の必然的な結果として自敬表現が現れるという考え方の方なのである。

要するに「自分自身のことを高く待遇する」としても、それは聞き手や状況によってそうする場合もあるし、しない場合もあるというような言語使用は論理的に考えても十分可能なはずだということである。自分自身のことを高く待遇するとしたら、聞き手が誰だとか、どういう状況だということとは関係なく、常にそうしなければ自分のことを高く待遇すること自体が不可能になるとか、せっかく自分を高く待遇したのにその意味を誰にも全く理解してもらえない、などという理屈は成立しないのである。必要な場合にだけ、時々自分を高く待遇することは十分可能だし、時々自分を高く待遇するだけでも、その効果は十分発揮できると期待できるのである。というより自分を高く待遇するのが時々だからこそ、その効果が十分発揮できるというべきなのである。『古事記』において自敬表現を使用する話し手がいても、その同じ話し手が自敬表現を使用しないこともある、もっと正確にいえばしないことの方が多いのは、そうしないと自敬表現を使用した時にもその効果が期待できないからなのである。

本書の著者がそう考えているわけでは決してないが、仮に『古事記』に反映された言語が絶対敬語の段階であったと認めるとしても、だから自敬表現が存在しているわけではない。また、これも本書の著者がそう考えているわけでは決してないが、『古事記』に反映された言語が絶対敬語の衰退しつつある段階であったと認めるとしても、だから自敬表現が現れたり現れなかったりしているわけでもないのである。自敬表現は相対敬語であっても十分現れ得るものであるし、もっといえば相対敬語であってこそ、西田（1995）が述べるような効果を期待できるものなのである。よって自敬表現が現れたからといって、その言語が絶対敬語の段階であったことの証拠にはならないということであり、この点が本書にとって何より重要な本章の結論である。

1-3でも述べたように、自敬表現という言語現象は、絶対敬語の説明の一環として、その典型的な例として言及されることが多い。これは逆に言えば、自敬表現の存在が、絶対敬語という敬語発達プロセスの一段階の存在証明として働いている、あるいは働かされているということもできる。本章のここまでの検討によって、そのように自敬表現を絶対敬語の存在証明として扱うことは不可能であることが明らかになったと思う。絶対敬語の存在を支えているのは自敬表現だけではないので、この両者の関係を絶てば絶対敬語の存在が直ちに成り立たなくなるわけではないが、少なくとも今までの固定観念を見直す契機にはなるであろう。次の第4章では、絶対敬語の存在を支えるもうひとつの柱といえる身内尊敬表現についての検討を行う。

第4章　身内尊敬表現と絶対敬語——絶対敬語を支える事象の検証②

1．絶対敬語の存在証明としての身内尊敬表現

1-1．問題設定

第2章、第3章でも述べたように、進歩史観的な立場からのこれまでの敬語史研究は、現代の敬語より一段階未発達な段階として、絶対敬語という段階が存在したと主張している。過去に絶対敬語の時代が実在したことを支えるといわれてきた事実の主なものとしては、自敬表現と身内尊敬表現の2つがあり、前章ではそのうちの自敬表現について、それが論理的に考えても、また実際の資料における使われ方の調査結果からみても、絶対敬語とは直接関係しない存在であったとしか考えられないということを述べた。それに引き続き本章では、絶対敬語を支える2つの事象のうちのもう一方である身内尊敬表現について、前章と同様に資料の調査結果を基にして、はたしてそれが絶対敬語の時代であったことの反映といえるかどうかという問題について考えて

いく。

1-2．身内尊敬表現について

現代標準日本語の待遇表現においては、待遇の対象が家族とか、同じ組織内部の人間である場合、たとえその人が話し手より目上であっても、聞き手が外部者ならマイナスの待遇表現を使用する、あるいは少なくともプラスの待遇表現は抑制されるという規範が存在すると、かなり多くの日本語話者は信じている。ところが例えば平安時代の和文の文学作品とか、あるいはそれ以降の時期の言語資料の会話文内や消息文の中などには、自分の家族のことを家族以外の人を聞き手として話している時に、その自分の家族に敬語を使っているような例がたくさんみられる。例えば次の(1)～(3)のような敬語使用である。[注38]

(1) 先の世の契りつたなくてこそかく口惜しき山がつとなり侍りけめ　親大臣の位を保ち給へりき[注39]（私の親は大臣の地位を保っておられました）　自らかくゐなかの民となりにて侍り

（『源氏物語・明石』）

話し手＝明石入道　待遇の対象＝入道の父　聞き手＝光源氏

(2) 花山院をば我こそすかし降ろし奉りたれ　されば関白をも譲らせ給ふべきなり（だから関白の位をもおゆずりになるべきなんだ）

（『大鏡・中』）

話し手＝道兼　待遇の対象＝兼家（父）　聞き手＝さるべき人々

(3)　さては都に御ざある平六の師匠にて御入候か　なさけなひ事にておりやらしますぞ　平六は此春果てられて御ざ有よなふ（平六はこの春にお亡くなりになられたのでございますよ）

（『続狂言記・塗師平六』）

話し手＝平六の妻　待遇の対象＝平六　聞き手＝平六の師匠

(1)は『源氏物語』の用例で、話し手が明石入道で聞き手が光源氏、待遇の対象となっているのは明石入道の亡くなった父親である。明石入道は父親に対して「大臣の位を保ち給へり」と尊敬表現を使用している。(2)も息子が外部者に父親のことを尊敬表現で述べたもの、そして(3)は妻が夫のことをプラス待遇している用例である。これらが本章で検討の対象としている身内尊敬表現である。こういう例は平安以降かなり長期間にわたって用例が拾える。また、現代の各地の諸方言の中にもこういう待遇表現があるといわれている。[注40]

1-3. 身内尊敬表現と絶対敬語の関係

第2章で例として菊地（1994）からの引用を提示しながら説明したように、この身内尊敬表現は、自敬表現と並んで絶対敬語の存在を支える重要な根拠として扱われてきたといえる。

身内尊敬表現が絶対敬語と関係があると考えられてきた理由はたいへんわかりやすいものであ

る。つまり、絶対敬語の場合は、待遇の対象が身内であるかどうかとか、聞き手が誰であるかなどという条件は敬語の使用に関与しないのだから、目上でさえあれば身内にも常に敬語を使うことになるというものである。要するに絶対敬語に支配された言語社会であれば、その必然的な結果として、目上の身内に敬語を使うことになるということである。絶対敬語と身内尊敬表現の関係についてのこの論理的な結びつけ方は、前章で批判した、従来の研究における絶対敬語と自敬表現の非論理的で強引な結びつけ方とは違って、少なくともここまでは間違っていないと思われる。ただし、絶対敬語であれば身内尊敬表現が現れることが確かだとしても、それは絶対敬語でなければ身内尊敬表現が現れないということまで保証するものではない。よって、身内尊敬表現が実際に出現した場合に、それを絶対敬語であったことの必然的な結果として説明しようとするのなら、聞き手が外部者であろうと、内部者であろうと、待遇の対象本人であろうと、一例の例外もなく目上には常にプラス待遇が現れ、目上でないならプラス待遇は決して現れることがないという点を確認しなければならない。なぜならば、待遇主体（話し手）と待遇の対象の身分の上下関係だけから敬語の使用・不使用が決定し、聞き手が誰であるかという条件は敬語使用に関与的に働かないのが絶対敬語なのだからである。

2．身内尊敬表現の使用調査

2-1．調査の内容

1-3でも述べたように、絶対敬語の時代であることの必然的な結果として身内尊敬表現が現れたのだとしたら、ある特定の話し手Aが、その話し手Aにとっての、ある特定の「目上の身内B」に関する発話の場合は、いつでも、どんな状況でも一例の例外もなく常にプラス待遇表現が使用されていなければならない。「状況によってはBの行為なのに尊敬語なしでいうこともある」などということはあり得ないのである。もしそうなっているとしたら、それはまさに相対敬語だからである。そこで次の2-2と2-3では、身内に対する待遇が一定しているかどうか、つまり一度敬語を使った身内には、ずっと敬語を使い続けているかどうか、資料の調査によって確認してみる。

一般に身内敬語とか身内尊敬表現というのは、例文(1)~(3)のような、「待遇の対象は話し手にとっての目上の身内で、さらに聞き手が外部者である場合」に使用されるプラス待遇表現のことを指すことが多い。なぜかというと、1-2でも述べたように現代標準日本語では、そのような条件下では身内に対するプラス待遇表現の抑制が起こると考える日本語話者が多いので、それと対照的な敬語使用といえるからである。しかし、本章における敬語使用調査は、身内尊敬表現と絶対敬語との関係を明らかにすることが目標なので、1-3に述べた理由から、聞き手が外部者ではない場合、つまり聞き手が内部者である場合や、待遇の対象本人である場合まで含めて、プラス待遇表現の現れ方の調査対象とした。

また、「目上」であるかどうかを判断する言語以外の決定的な基準を設定することは難しいので、話し手Aが一度でもプラス待遇表現を使用した身内の人物Bは、その事実をもって、AがBを目上として待遇していると認定した。絶対敬語の定義からして、目上以外には敬語を使うはずがないからである。そして一度でもプラス待遇表現を使用したその同じ人物Bに対して、話し手Aが他の発話でも敬語を使い続けているかどうかを調べた。絶対敬語の定義からして、目上には敬語を使わないはずがないからである。

そしてまた、「身内」かどうかという点も「目上」かどうかと同様に決定的な基準は存在しないといえよう。そこで本章では、「親―子」「祖父母―孫」「夫―妻」の関係だけを「身内」と認定して調査対象とした。典型的な「身内」の調査だけでも、絶対敬語的な敬語使用が徹底しているはずがないことを証明するのには十分だと考えたからである。

2-2. 身内尊敬表現の不使用例

今回調査した資料は『竹取物語』、『源氏物語（桐壺～幻）』、『大鏡』[注41]で、その中の会話文だけを調査対象とした。[注42]また、本章の調査では、前章の『古事記』の調査で単位とした「文」や「発

話」ではなく、「句」ごとに敬語の使用、不使用をカウントした。これは具体的にいえば、

(4) 先生はお部屋に戻られてお休みになられた

という文なら、従属節の「戻られる」、主節の「お休みになられる」をそれぞれプラス待遇表現ありとカウントするということである。これが、

(5) 先生はお部屋に戻ってお休みになられた

なら、従属節の「戻る」にはプラスの待遇表現なしで、主節だけにプラスの待遇表現があると見なすわけである。『竹取物語』や『源氏物語』のような文体の場合、「発話」を単位とすることが難しいことは第2章で述べたが、「文」を単位としたとしても大きな問題が生じる。なぜならば、これらの文献の文体は『古事記』とは違って「文」と「文」の境界があいまいで、「前後に明確な切れ目を持つひとつの文」という認定自体が難しい場合が多いからである。[注43] さらに、無理して「一文」の認定を行ったとしても、ひとつの文が「〜して、〜して、〜したが、〜して、〜した。」のような感じで非常に長くなることが多々ある。このようなたくさんの従属節を含む文の中で、たったひとつだけにプラス待遇表現形式が現れる文と、すべてにプラス待遇表現形式が現れる文を同じ待遇レベルの文として扱うことは妥当だとは思えない。だからといって、ひとつだけにプラス待遇表現形式が現れる文、2つの節にプラス待遇表現形式が現れる文、3つの節にプラス待遇表現形式が現れる文、…すべてにプラス待遇表現形式が現れる文というように待遇レベ

ルを細かく設定して区別することも非現実的である。というわけで、本章の調査では、先に述べたように句を単位として用例の採取を行ったわけである。

調査結果として具体的な数値を示す前に、まず先の文献中の会話文の中に現れた、問題となる用例をいくつか挙げておく。「問題となる」というのは、外部者を聞き手とする発話中に、目上の身内に言及したにもかかわらず、敬語が使用されていないということであり、次の(6)～(10)がそれに該当する。

(6) 源氏「伊予介はかしづくや君と思ふらむな」紀伊守「いかがはわたくしの主とこそは思ひて侍るめるを（自分の主人とさえ思っているようなんですがそれを）すきずきしき事となにがしよりはじめてうけひき侍らずなむ」

（『源氏物語・箒木』）

話し手＝紀伊守　待遇の対象＝伊予介（父）　聞き手＝光源氏

(7) かの明石の岩屋より忍びてはべし御祈りの巻数（あの明石の岩屋からうちうちでいたしましたご祈禱の巻数）またまだしき願などの侍りけるを

(8) 今はかの侍りし所をも捨てて（今はあの居りました所も捨てて）鳥の音聞こえぬ山にとなむ聞き侍る

（(7)(8)ともに『源氏物語・若菜上』）

話し手＝明石君　待遇の対象＝明石入道（父）　聞き手＝光源氏

(9)　舌の本性にこそは侍らめ幼く侍りし時だに故母の常に苦しがり教へ侍りし（今は亡き母がいつも私に苦々しそうに教えました）

（『源氏物語・常夏』）

話し手＝近江君　待遇の対象＝近江君の母　聞き手＝頭中将

(10)　仰せ事のかしこさにかの童を参らせむとて仕うまつれば「宮仕に出し立てば死ぬべし」と申す（有り難い仰せことなので、あの子を参らせようとしてそのような働きかけをいたしましたら「宮仕えに出したなら私は死んでしまう」と申すのです）

（『竹取物語』）

話し手＝竹取翁　待遇の対象＝かぐや姫　聞き手＝帝

例文(6)は『源氏物語』の箒木の一部で、その中の「わたくしの主とこそは思ひて侍るめるを」という部分の話し手は紀伊守、聞き手は光源氏である。そして待遇主体としての紀伊守が待遇するその対象、つまり「思ひて侍る」の動作主は父親の伊予介である。紀伊守は典型的な目上の身内といえる父親に対して敬語を使っていないのである。

例文(7)と(8)は、ともに明石君が父親の明石入道に対してプラス待遇していない例で、聞き手はどちらも光源氏である。源氏の妻のひとりとなった自分の方が田舎で落ちぶれた父親より地位が上なんだと考えている、つまり父親をそもそも目上だと思っていないのだとしたら、ここの言語使用については説明できるかもしれないが、そうすると今度は逆に明石君の発話の中で父親をプラス待遇している例が3例存在することの説明がつかなくなってしまう。プラス待遇していない場合の聞き手はすべて源氏で、プラス待遇している場合の聞き手はすべて明石君の母親（入道の妻）の尼君である。これは現代の敬語使用と同じで、聞き手が違うから、あるいは状況が違うからプラス待遇したりしなかったりしていると考えるのが最も自然であろう。

例文(9)の近江君の発話も、ここでは母親の行為を「苦しがり教え侍り」と表現していて尊敬語が出て来ないが、しかしこれに続く長い一文の最後で母親の動作について「嘆きたうびし」という尊敬表現が出てきている。なお(7)~(9)について、明石君にとっての光源氏は夫、近江君にとっての頭中将は父なので一般的には「外部者」を聞き手とした発話とはいいにくい。ただ、明石君と明石入道と光源氏という三者の関係を明石君の立場から捉えれば、明石入道が内部者で、源氏が外部者という位置づけになりそうだし、近江君とその母と頭中将の三者の関係を近江君の立場から捉えれば、母が内部者で頭中将が外部者となりそうなので、ここに身内尊敬表現の例外としてもってきたものである。

例文(10)では竹取の翁が、聞き手である帝に対して、かぐや姫の動作を「参る」「申す」という謙譲表現で述べている。父親（翁）が娘（かぐや姫）に敬語を使わないのは当然だというかもしれないが、後に示すように竹取翁はかぐや姫をプラス待遇することの方が多いのである。『竹取物語』の中にはこれと同様の状況（話し手＝竹取の翁、待遇の対象＝かぐや姫、聞き手＝帝）での発話は他に6例あり、(8)のような謙譲表現が5例と尊敬も謙譲もない無標形使用が1例である。

これに対して、翁がかぐや姫本人を聞き手としてかぐや姫に言及する場合は、次の⑾のようにプラス待遇で表現することが多い。

⑾　こはなでう事宣ふぞ竹の中より見つけ聞こえたりしかど菜種の大きさおはせしを我が丈立ち並ぶまで養ひ奉りたる我子を何人か迎へ聞こえむ（あなたはなんと言うことをおっしゃるんだ。竹の中から見つけて差し上げたけれど、その時はまだ菜種くらいの大きさでいらっしゃったのを、私と同じくらいに大きくなるまで養い申し上げた我が子を、いったい誰がお迎え申し上げるというのですか）（『竹取物語』）

話し手＝竹取の翁　待遇の対象＝かぐや姫　聞き手＝かぐや姫

具体的な数値を示すと、かぐや姫の行為や状態を尊敬語を用いて表現している例が29例、無標形が6例であり、また、かぐや姫に対する翁の行為を謙譲語で表現している例が5例で無標形が2例である。

さらに、帝以外の外部者（かぐや姫の求婚者達）を聞き手として、かぐや姫の行為や状態について翁が述べるときは、上のいずれの状況とも一致しないようである。すなわち、かぐや姫の行為や状態を述べるときは尊敬語による表現が1例、謙譲語による表現が1例、無標形が2例で、かぐや姫に対する翁の行為を述べるときは1例の無標形がみられた。つまり、聞き手が帝ならかぐや姫の行為を謙譲語で表し、帝以外の外部者なら無標形、かぐや姫自身が聞き手ならかぐや姫をプラス待遇するのが基本ということのようである。以上の用例を見る限りでは、これらの敬語使用は、待遇主体（話し手）と待遇の対象との身分の上下関係だけから決まるのではなく、特にその発話の聞き手が誰であるかという点に影響されているように見える。本書の著者には、これらは典型的な相対敬語としての敬語使用と考えるのが最も妥当な解釈だと思われる。

2-3．身内に対する敬語使用実態

次に注目するのは、『源氏物語』の中で、光源氏の、息子夕霧や、妻である紫上、明石君に対する待遇が、聞き手の違いの影響を受けているかどうかという点である。これも前の2-2での考察と同じで、ある特定の話し手の、ある特定の待遇の対象者に対する敬語使用のあり方が、聞き手の違いによってどれほど影響を受けているかを明らかにしようとするものだが、夕霧、紫上、明石君などを待遇の対象とする光源氏の発話は数多く見られるので、得られた結果の信頼度がより高いと考えられる。なお、聞き手の違いによる敬語使用の偏りを調べるなら、聞き手が待遇の対象本人の場合（二人称）と、聞き手がそれ以外の場合（三人称）に2分するだけでは十分とはいえない。三人称の方に雑多な聞き手が混在することになるからである。しかし、本章の目的は、聞き手と敬語使用の関係の全体像を明らかにすることではなく、同じ話し手で同じ待遇の対象なのに聞き手の違いによって敬語使用に違いが出る「ことがある」ことを示して、絶対敬語の結果

として身内尊敬表現が現れたわけではないことを主張することである。この後に示す〈表1〉〜〈表19〉を見れば明らかなように、その目的のためには二人称の場合と三人称の場合に2分しただけで十分だと考えてこのような示し方にしてある。

次に示す〈表1〉は、光源氏が息子夕霧をどのように待遇しているかを、二人称つまり聞き手が夕霧の場合と、三人称つまり聞き手が夕霧以外の場合に分けて示したものである。

〈表1〉の中で「プラス待遇表現あり」という欄には、夕霧が動作主、状態主の場合の述部に尊敬語を使う例と、夕霧を対象とした源氏の動作を謙譲表現で言う例がはいる。そして、「プラス待遇表現なし」というのは、夕霧の動作に尊敬語がつかず、夕霧に関わる動作に謙譲語がつかない無標の表現と、夕霧が動作主の場合にその動作に謙譲語を使う例の合計である。

〈表1〉を見ると、源氏の夕霧に対する待遇は、本人が聞き手の場合、プラス待遇している例としていない例が同数で一定していないのに対して、聞き手が第三者の場合は、無標形や夕霧の

〈表1〉源氏の夕霧に対する待遇

話者	聞き手	待遇の対象	プラス待遇表現あり	プラス待遇表現なし
源氏	夕霧	夕霧	9	9
源氏	夕霧以外	夕霧	2	30

動作を謙譲表現で言ったものが大半を占めていて、夕霧に対するプラス待遇表現がわずか2例しか見られないことがわかる。この2例の聞き手は宰相君と左中弁である。プラス待遇表現なしの30例の聞き手は、大宮（9）、花散里（3）、紫上（4）、左中弁（5）、朱雀帝（3）、女三宮（1）、周囲の人々（5）である。同じ三人称でも、聞き手の身分が比較的低い場合に夕霧に対するプラス待遇表現が現れる可能性があるということなのかもしれない。

次ページの〈表2〉は、〈表1〉で挙げた夕霧の他に、紫の上と明石君に対する光源氏の待遇の仕方をまとめて数値だけ示したものである。この表では、前の〈表1〉で「プラス待遇表現あり」としていた欄を単に「あり」、「プラス待遇表現なし」としていた欄を単に「なし」としてある。これはこの後出てくる〈表3〉～〈表19〉でも同様である。

この〈表2〉をみても、聞き手が待遇の対象本人である場合の方が、第三者が聞き手の場合よりも、より敬語を多く使っていることが分かるであろう。

先の〈表1〉だけを見ても、仮に待遇主体と待遇の対象を固定したとしても、待遇の仕方は一定しないこと、さらに源氏の夕霧に対する待遇が聞き手の違いによって大きく異なることが明らかになる。そして〈表2〉からは、聞き手の違いによって待遇が異なるのは、夕霧が待遇の対象となっている場合だけではないことがわかるであろう。ここまで何度も述べてきたように、聞き手がかわると待遇も変わるというのは典型的な相対敬語のあり方なのである。もちろん〈表1〉

〈表2〉の二人称の場合ように、聞き手がかわらないのに待遇が一定しないというのも絶対敬語ではあり得ないことである。この3人に対する発話データをみるだけで、光源氏は一度敬語を使った相手には徹底して敬語を使い続けるなどという話し手ではないことが分かる。

ここまでは、話し手が光源氏で待遇の対象がその息子（夕霧）や妻（紫上、明石君）という関係における待遇のあり方をみてきた。その他にも「親―子」間、「祖父母―孫」間、「夫―妻」間の待遇表現の現れ方を『源氏物語』『竹取物語』『大鏡』の会話文を対象として調査した。その中で比較的発話量の多い『源氏物語』の15人と『竹取物語』の3人の敬語使用を、待遇の対象別に、二人称の場合と三人称の場合に分けて示すと、次ページの〈表3〉～〈表19〉のようになる。

なお、〈表18〉では、竹取翁の使用数に加えて、その妻による使用数も（　）に入れて示した。

〈表2〉源氏の夕霧、紫の上、明石君に対する待遇

待遇の対象		あり	なし
夕霧	2人称	9	9
	3人称	2	30
紫上	2人称	50	8
	3人称	4	9
明石君	2人称	9	4
	3人称	2	8

〈表3・光源氏の敬語使用（夕霧、紫上、明石君以外）〉

待遇の対象	2人称		3人称		合計	
	あり	なし	あり	なし	あり	なし
桐壺帝（父）	2	1	4	0	6	1
葵上（妻）	1	0	1	1	2	1
花散里（妻）	6	0	／	／	6	0
女三宮（妻）	7	1	2	0	9	1
明石姫君（孫）	6	0	2	2	8	2
					31	5

〈表4・頭中将の敬語使用〉

待遇の対象	2人称		3人称		合計	
	あり	なし	あり	なし	あり	なし
雲居雁（子）	4	6	0	1	4	7
大宮（母）	17	0	／	／	17	0
弘徽殿女御（子）	3	0	8	10	11	10
近江君（子）	10	9	0	2	10	11
柏木（子）	0	4	0	2	0	6
太政大臣（父）	／	／	2	0	2	0
					44	28

〈表5・大宮（頭中将の母）の敬語使用〉

待遇の対象	2人称		3人称		合計	
	あり	なし	あり	なし	あり	なし
頭中将（子）	9	1	1	5	10	6
夕霧（孫）	9	0	2	2	11	2
雲居雁（孫）	3	0	2	2	5	2
葵上（子）	2	0	／	／	2	0
					28	10

〈表6・雲居雁の敬語使用〉

待遇の対象	2人称		3人称		合計	
	あり	なし	あり	なし	あり	なし
夕霧（夫）	7	1	／	／	7	1

〈表7・夕霧の敬語使用〉

待遇の対象	2人称 あり	2人称 なし	3人称 あり	3人称 なし	合計 あり	合計 なし
光源氏（父）	4	0	11	0	15	0
雲居雁（妻）	10	4	1	0	11	4
大宮（祖母）	3	0	／	／	3	0
					29	4

〈表8・明石君の敬語使用〉

待遇の対象	2人称 あり	2人称 なし	3人称 あり	3人称 なし	合計 あり	合計 なし
光源氏（夫）	7	1	3	1	10	2
明石尼君（母）	3	0	2	4	5	4
明石入道（父）	／	／	2	3	2	3
明石姫君（子）	13	0	6	0	19	0
					36	9

〈表9・明石尼君の敬語使用〉

待遇の対象	2人称 あり	2人称 なし	3人称 あり	3人称 なし	合計 あり	合計 なし
明石入道（夫）	／	／	0	6	0	6
明石君（子）	4	4	／	／	4	4
明石姫君（孫）	／	／	2	0	2	0
					6	10

〈表10・明石入道の敬語使用〉

待遇の対象	2人称 あり	2人称 なし	3人称 あり	3人称 なし	合計 あり	合計 なし
明石君（子）	10	1	0	6	10	7
明石姫君（孫）	／	／	3	0	3	0
					13	7

〈表11・紫上の敬語使用〉

待遇の対象	2人称 あり	2人称 なし	3人称 あり	3人称 なし	合計 あり	合計 なし
光源氏（夫）	8	0	／	／	8	0
					8	0

〈表12・近江君の敬語使用〉

待遇の対象	2人称 あり	2人称 なし	3人称 あり	3人称 なし	合計 あり	合計 なし
頭中将（父）	11	0	／	／	11	0
母	／	／	1	1	1	1
					12	1

〈表13・朱雀院の敬語使用〉

待遇の対象	2人称 あり	2人称 なし	3人称 あり	3人称 なし	合計 あり	合計 なし
桐壺帝（父）	／	／	3	1	3	1
女三宮（子）	／	／	3	4	3	4
					6	5

〈表14・髭黒の敬語使用〉

待遇の対象	2人称 あり	2人称 なし	3人称 あり	3人称 なし	合計 あり	合計 なし
北の方（妻）	19	0	0	1	19	1
玉鬘（妻）	1	0	2	0	3	0
息子〈達〉	0	3	／	／	0	3
真木柱（子）	／	／	1	0	1	0
					23	4

〈表15・髭黒北の方の敬語使用〉

待遇の対象	2人称 あり	2人称 なし	3人称 あり	3人称 なし	合計 あり	合計 なし
髭黒（夫）	7	3	1	0	8	3
式部卿（父）	／	／	5	0	5	0
息子〈達〉	0	3	／	／	0	3
真木柱（子）	2	0	／	／	2	0
					15	6

〈表16・桐壺更衣の母の敬語使用〉

待遇の対象	2人称 あり	2人称 なし	3人称 あり	3人称 なし	合計 あり	合計 なし
桐壺更衣（子）	／	／	8	3	8	3
					8	3

〈表17・桐壺帝の敬語使用〉

待遇の対象	2人称 あり	2人称 なし	3人称 あり	3人称 なし	合計 あり	合計 なし
光源氏（子）	0	12	3	1	3	13
藤壺（妻）	2	0	3	2	5	2
					8	15

〈表18・竹取翁および妻の敬語使用〉（　）内は妻による使用数

待遇の対象	2人称 あり	2人称 なし	3人称 あり	3人称 なし	合計 あり	合計 なし
かぐや姫（子）	34（2）	8（1）	4（0）	10（2）	38（2）	16（3）

〈表19・かぐや姫の敬語使用〉

待遇の対象	2人称 あり	2人称 なし	3人称 あり	3人称 なし	合計 あり	合計 なし
竹取翁（父）	35	1	／	／	35	1

〈表3〉は光源氏の発話中に見られる夕霧、紫上、明石君以外の身内の待遇の対象に対する敬語使用をまとめたものである。例えばこの〈表3〉の中の花散里に対する発話では、句ごとにカウントしたとしてもすべてプラスの待遇形式が用いられていて、ここだけを見れば絶対敬語のようにもみえるが、同じ光源氏が花散里以外の待遇の対象に関しては敬語を使ったり使わなかったりしていることがわかる。このようにある特定の対象者だけについてみれば、一貫して敬語を使い続けているとか、逆に一度も敬語を使っていないという話し手は少なくない。今回調査した範囲では、次のような話し手による次のような待遇の対象に対する敬語使用には、ゆれが見られず一貫性が認められた。矢印の上側が話し手（待遇主体）で下側が待遇の対象である。

> 光源氏→花散里（妻）、兵部卿宮→紫上（子）、近江君→頭中将（親）、紫上→光源氏（夫）
> 夕霧→光源氏（親）、落葉宮→一条御息所（親）、中宮安子→村上天皇（夫）

しかし、その同じ話し手が別の待遇の対象に対しては敬語を使ったり使わなかったりしているので、その話し手を絶対敬語の使用者であると見なすことはできない。次に列挙するのは、同じ話し手が同じ待遇の対象に対する言語使用であるにも関わらず、敬語の使い方が一定しない、つまり絶対敬語の定義に合致しない[注44]ペアである。これも、矢印の上側が話し手（待遇主体）で下側が待遇の対象である。

光源氏→女三宮（妻）、大宮→頭中将（子）、大宮→夕霧（孫）、頭中将→大宮（親）、頭中将→近江の君（子）、頭中将→雲居雁（子）、明石入道→明石君（子）、明石君→明石入道（親）、明石君→明石姫君（子）、明石君→明石尼君（親）明石君→光源氏（夫）、明石尼君→明石君（子）、髭黒→北の方（妻）、北の方→髭黒（夫）桐壺更衣母→桐壺更衣（子）、夕霧→雲居雁（妻）、雲居雁→夕霧（夫）、朱雀院→女三宮（子）一条御息所→落葉宮（子）、竹取翁→かぐや姫（子）、かぐや姫→竹取翁（親）、竹取翁の妻→かぐや姫（子）

同じ話し手の、同じ待遇の対象に対する発話なのに待遇が一定しないことの方がはるかに多いことがわかる。前のページに挙げた、一見絶対敬語の使用者のようにみえる話者達も、「紫上」以外は全員こちらにも出てきていて、全体としてみれば相対敬語の話者であることがわかる。つまり今回調査したような資料に見られる敬語使用状況は、絶対敬語を反映したものとはとても言い難いということである。

3．調査結果のまとめと「変化の過渡期」という解釈の問題点

3－1．調査のまとめ

ここまで、資料にみられる身内尊敬表現の調査をもとにして、その身内尊敬表現の現れ方が当

該の資料に反映された言語の敬語システムが絶対敬語という段階にあったことによるものといえるかどうかについて検討してきた。調査によって明らかになったことは、目上の身内をプラス待遇する人が平安貴族社会に大勢いたことは確かだと思うが、その同じ話し手が同じ対象をプラス待遇しない場合も多くみられるということである。これはつまり、平安時代の古典語に身内尊敬表現が現れるのは、当時が絶対敬語の段階であったことの結果と解釈すべきものではないということである。本章の目的に沿ったいい方をすれば、過去に絶対敬語という段階があったことの根拠として、平安時代の古典語にみられる身内尊敬表現を挙げるのは不適当だということであり、これが本章で最も重要な結論である。

3-2. 変化の過渡期という解釈の問題点

前章（第3章）で取りあげた自敬表現にしろ、本章で取りあげた身内尊敬表現にしろ、それが絶対敬語の結果として現れたというのなら、それらの使用が聞き手や場面の違いとは関係なく徹底していなければならない。ところが自敬表現や身内尊敬表現が徹底して現れるような言語資料は、上代にも、中古にも、またその後の時代にも存在していないと思われる。この点に関する先行研究の説明は、前章の2-8でも述べたように、「言語資料が残存している上代や中古は、すでに絶対敬語↓相対敬語という変化の過渡期になっていたため、本来なら徹底しているはずの自敬

ある。「……表現や身内尊敬表現の使用も現れたり現れなかったりするのである」というような内容である。

ここでは、そのような説明が妥当かどうかという点について考えてみる。

絶対敬語の段階から相対敬語の段階への過渡期というものが仮にあったとして。そういう段階として想定される状態は、次の3つのうちのいずれかだと思われる。

① 個人個人が相手や状況に応じて絶対敬語と相対敬語をコードスイッチングする言語社会

② 一貫して絶対敬語を使用する話し手と、一貫して相対敬語を使用する話し手が混在している言語社会

③ ①のような話し手と②の2種類の話し手のうちのいずれか、あるいは②の両方、つまり合計2～3種類の話し手が混在している言語社会

まず①だとした場合の問題点は、そういう言語社会と相対敬語オンリーの言語社会との違いはどこにあるのだろうかということである。具体的に考えてみると、大学生であるAさんは、自分の指導教員であるB教授についてB教授本人を聞き手として言及するときは旧来の絶対敬語的な敬語使用をする、つまりひとつの例外もなく「常に（どの単位で常になのかということはひとまずおいておくとして）」敬語を使い続けるとする。その同じAさんが、B教授以外の人物を聞き手としてB教授に言及するときは新しい相対敬語的な敬語使用に切り替える、つまり聞き手の違いだとか、発話場面の改まり度の違い、話題の内容の違いなどによってB教授に敬語を使ったり

使わなかったりするとする。さてそうすると問題になるのは、このような敬語の使い方をする話し手は、変化の過渡期ではなく相対敬語オンリーの時代(例えば現代の日本語社会)にも十分存在可能だということである。進歩史観的敬語論者ならだれでも現代の日本語社会が相対敬語の時代であることに関しては異論がないであろう。その中にAさんのような敬語の使い方をする話し手がいても、それはそのAさんのすべての言語使用状況をひっくるめて相対敬語的な敬語の使用とみなすはずであって、Aさんのことを現代の相対敬語の時代に現れた例外的な敬語使用者だなどとは考えないであろう。相対敬語だからといって、ある特定の場面での、ある特定の聞き手に対しての、ある特定の待遇の対象に対する敬語の使い方までが「常に」ゆらいでいなければならないというものではないのであって、B教授と話すときは「常に」敬語を使い続けるような話し手でも、相対敬語の言語社会のメンバーとして十分認め得るのである。要するに、相手や状況に応じて絶対敬語と相対敬語を使い分ける話し手ということは、全体として相対敬語の話し手であるということである。よって、仮に①のような状態が言語資料調査によって確認できたとしても、それをもってその時代が絶対敬語→相対敬語という変化の過渡期であることの証拠にはならないということである。なぜなら、はじめからずっと相対敬語だったとしてもそういう話し手がその社会に現れる可能性が十分あるからである。そして、①のような話し手が相対敬語の使用者だということは、③の中に含まれる①のような話し手についても同様なので、③を別立てする必要はなく、これは②と同じだということである。

次に②の可能性について検討してみる。②の状態というのは、一貫して絶対敬語で押し通す話し手と相対敬語の話し手が混在している言語社会である。絶対敬語の時代↓相対敬語の時代という変化の過渡期が仮に過去にあったとして、①のような過渡期はあり得ないし、③は②と同じだということがわかったので、残る可能性は②しかないはずである。そして、絶対敬語だから自敬表現や身内尊敬表現が現れるのだと考えるとすると、それらは、過渡期においては、その言語社会に存在する2種類の話し手のうちの絶対敬語の話し手だけによって、徹底して使用されていなければならないはずである。そこで、ここでは身内尊敬表現について、実際の言語資料に現れる使用状況が②のような状態にあてはまるかどうか、そして身内尊敬表現の使用が、②のような状態の中の絶対敬語の使用者だけに現れるかどうかという点について検討してみる。今回調査した言語資料のうち、話し手数の多い『源氏物語』を例として具体的な話し手を挙げると次のようになる。なお、ここに挙げるのは、身内に対する敬語使用・不使用の用例数が多い〈表3〉～〈表17〉の話者のみである。

・絶対敬語の話し手…紫上
・相対敬語の話し手…光源氏、桐壺帝、桐壺更衣母、朱雀院、頭中将、大宮、夕霧、雲居雁、近江君、明石君、明石入道、明石尼君、髭黒、髭黒北の方、一条御息

つまり、発話量がある程度多いのに敬語使用にゆらぎがないといえるのは紫上だけなのである（前出〈表11〉参照）。

次に『源氏物語』に現れる身内尊敬表現の使用例を使用者によって分類すると、

A．絶対敬語の話し手（紫上）によって使用されたもの…8例

B．その他大勢の相対敬語の話し手によって使用されたもの…336例

の2種類があることになり、決して絶対敬語の話し手だけが使用しているわけではないこと、それどころかこの資料に現れる身内尊敬表現の大半は相対敬語の話し手によって使用されていることがわかる。このうち絶対敬語の話し手による身内尊敬表現だけが、絶対敬語であったことの結果としての説明―絶対敬語では身内かどうかに関係なく目上でさえあれば敬語を使うのだから身内尊敬表現が現れるという説明―が適用可能なものである。ということは、全体のおよそ97・7％を占めるそれ以外の話し手が使用した身内尊敬表現は、何かもっと別な理由によって現れたものと説明されなければならないということである。そう考えると、わずか2・34％を占めるに過ぎないAの使用例を説明するために、わざわざ絶対敬語という段階を持ち出すのではなく、Aの用例もBの用例と同じ理由で現れたのだと考える方がずっと効率的な説明なのではないかと思われる。

ここで絶対敬語の話し手に分類された紫上は、敬語を使用した用例がすべて光源氏に対してであり、聞き手も光源氏という状況に限られる。もしそれ以外の状況における、それ以外の身内に対する彼女の発話例が豊富にあったとしたら、おそらく『源氏物語』の中には絶対敬語の使用者がひとりもいないという結果になることが容易に予想できる。

従来の研究では、自敬表現や身内尊敬表現の使用が徹底していないことについて、それが変化の過渡期であったと想定することによってその説明としてきたといえる。しかし、ここまでの議論で明らかなように、その説明は実は説明になっておらず、奈良時代や平安時代の古典語は絶対敬語といえないだけではなく、絶対敬語から相対敬語への過渡期にあたるということもできないということである。

3-3. 「ウチーソト」の認識と身内尊敬表現

本章の1-3で説明したように、絶対敬語ならば、そこに身内尊敬表現が現れるのは当然でありそれ以上の説明は必要ない。しかし、本章でのここまでの検討からわかったように、平安時代の古典語は絶対敬語でもないし、絶対敬語から相対敬語という変化の過渡期でもないのに、いろいろな話者によって多くの身内尊敬表現が使われていたようである。そこでここでは、絶対敬語ならば必然的に身内尊敬表現が現れることになるからといって、絶対敬語でないならば、つまり相対敬語ならば身内尊敬表現が現れないということには必ずしもならないということについて、簡単に説明しておこうと思う。そのためにまず最初に、相対敬語である現代日本語で身内尊敬表現が見られない（あるいは見られにくい）こと、つまり身内尊敬表現の抑制がおこることの理由を整理してみる。なお、身内尊敬表現の抑制がおこるということの中には、身内に謙譲表現が使われることも含めて考えている。

現代日本語に見られる身内尊敬表現の抑制は、「目上」か「目下」かという基準の他に、それとは直接関係ない「ウチ」か「ソト」かという別の基準を、待遇の対象と当該の発話の聞き手の両方に適用した結果であると説明されている。すなわち、話し手が「待遇の対象」と「聞き手」のそれぞれに、話し手にとって「ウチ」あるいは「ソト」という分類基準を当てはめるとしたら、次の4通りの可能性が考えられるが、

① 待遇の対象―ウチ　聞き手―ウチ　② 待遇の対象―ウチ　聞き手―ソト
③ 待遇の対象―ソト　聞き手―ウチ　④ 待遇の対象―ソト　聞き手―ソト

このうち②の場合だけは、たとえ待遇の対象が目上であっても、本書第1章の2-3で述べたように、その人を話し手自身と同一視することによってプラスの待遇表現が使われなくなるというローカルな規則が存在している（とかなり多くの現代の日本語話者が信じている）という説明である。この点を確認した上で、相対敬語でありながら身内尊敬表現の抑制が起こらないとした

らそれはどういう場合かということについて考えてみる。まずはじめは、相対敬語であり、発話状況が②であっても、「ウチ」か「ソト」かという基準が敬語使用に関与的に働かないという可能性である。

相対敬語の定義のあいまい性に関しては、第5章の1-3で検討するが、ここでは、話し手と待遇の対象との身分の上下関係以外の要因が敬語使用に関与的に働くのが相対敬語であると考えて議論を進めることにする。そう考えると、「ウチ—ソト」という関係は上下関係以外の要因だから、それが敬語使用に影響を与えて、相対敬語である現代日本語に身内尊敬表現の抑制が起こるという説明は、相対敬語の定義にマッチするものである。しかし、身分の上下関係以外の要因といってもいろいろ考えられるのであって、「ウチ—ソト」関係というのはその中のひとつにすぎない。身分の上下関係だけで敬語使用が決まるのが絶対敬語だとすれば、上下関係以外の要因がひとつでも敬語使用に関与的に働く可能性があれば、それは相対敬語だということになる。そして上下関係以外で関与的に働く要因が「ウチ—ソト」関係とは別の要因である場合、その言語は相対敬語ではあっても、身内尊敬表現が抑制されずに現れるはずである。

例えば後に第5章で示す『大鏡』にみられる敬語使用、つまり待遇の対象が主流派か非主流派かという違いを基準とする敬語使用（149ページ参照）は、「目上—目下」という関係以外が関与しているので、それだけで相対敬語と認めることになる。その場合、その上さらに「ウチ—ソト」関係が敬語使用に関与的に働かなかったとしたら、それでも相対敬語であることに変わりはないが、「ウチ―ソト」関係が敬語使用に関与的に働かなかないということは身内尊敬表現が現れる言語社会であるということになる。つまり相対敬語の場合は、絶対敬語とは違って身内尊敬表現が現れる場合も現れない場合も可能性としては両方あり得るということであり、この点を理解することがまずなにより重要である。ここで現れる場合も現れない場合も両方あり得るというのは、相対敬語である言語変種αには身内尊敬表現が現れるが、同じく相対敬語である言語変種βには身内尊敬表現が現れない（身内尊敬表現の抑制が起こる）ということがあり得るという意味である。しかし、それだけではなくて、身内尊敬表現が現れる方の言語変種αであっても、待遇の対象や聞き手に対する「ウチ」か「ソト」という位置づけ方が、いかなる場合にも関与的に働くことがないとは限らず、他の条件との兼ね合いによって、「ウチ―ソト」関係が関与的に働いたり働かなかったりする可能性もあるのである。絶対敬語だとそのようなことは起こり得ないが、相対敬語とはそのような複数の要因の複合的な結果としての敬語使用を許容するものである。本章で調査した平安時代の言語資料には、身内尊敬表現が現れる例も現れない例もそれぞれ豊富に存在するが、それは当時を絶対敬語ではなく相対敬語の時代と見なすことによって、はじめて合理的に説明できるということである。

平安時代の古典語に身内尊敬表現がみられることについての今の説明は、相対敬語の時代であっても、待遇の対象や聞き手に対する「ウチ―ソト」意識が、敬語使用に関与的に働かないこともあり得るという説明の仕方であった。しかし、この説明の仕方以外にも別の説明の仕方もあると思う。「ウチ―ソト」意識を敬語使用に関与的に働く要因と認めたとしても、「ウチ」と「ソト」との線引きの範囲を多少操作するだけでも説明可能である。一番単純な考え方は、「身内」の範囲を現在より狭めて話し手本人だけが「ウチ」でそれ以外はすべて「ソト」と想定すると、平安時代が相対敬語の言語社会だったとしても、先にあげた①~④のうちの②「待遇の対象:ウチ―聞き手:ソト」という組み合わせがあり得なくなり、親も祖父母も話し手にとってソトなのでこういう人たちにも敬語を使うことになる。これを親や祖父母をウチの存在と認識する現代日本語話者の感覚からみると、例外的に身内に敬語を使ったように感じるものとなるであろう。反対にウチの範囲を拡大するという方向での説明も可能であろう。『源氏物語』や『竹取物語』に登場する話し手が想定する「聞き手」とか「待遇の対象」などは、当時の日常生活において対面的相互行為を行うような人間たちにほぼ限られている。そのような範囲の人間達全体を「ウチ」と捉えるような言語社会があるとすれば、そういう言語社会でも親や祖父母に敬語を使うことになる。待遇の対象である親や祖父母ばかりではなく、たいていの聞き手も「ウチ」の存在ということになるので、先に挙げた①~④のうちの、身内尊敬表現の抑制が発生する②という条件下における発話が、これらの言語資料内にほとんど現れない――ついでに③や④も現れない――ことになるからである。

これら以外にも相対敬語という原理に支配された言語社会で身内尊敬表現が現れることに対する説明の方法がいくつもあるだろうが、本章は「なぜ身内尊敬表現が現れていたのか」とか「なぜ現代はそれを違反と感じる人が多くなったのか」という問題を解明することが目的ではない。よって、ここでは、絶対敬語を持ち出さなくても身内尊敬表現の出現を説明することは可能であるということを確認するだけにしておく。

第5章　言語の歴史的研究のあり方——進歩史観的敬語論に対する批判を通して

1. 絶対敬語の存在を疑うその他の事実

1-1. 自敬表現・身内尊敬表現と絶対敬語の関係についてのまとめ

本書の第3章では、過去の日本語社会に自敬表現がみられるということは認めるとしても、だからといって、そのことと、その時代が絶対敬語であったかどうかということとは直接的な関係を持たないということを述べた。続いて第4章では、過去の日本語社会に身内尊敬表現がみられることは間違いないとしても、だからといって、そのことだけではその時代が絶対敬語の時代であったとか、それより前に絶対敬語の時代があったことの証拠にはならないということを述べた。これまで何度も指摘したように、進歩史観的敬語論では、自敬表現と身内尊敬表現の2つは、過去に絶対敬語という段階が存在したことを裏付けるための有力な根拠となる事実と見なされてきた。しかし、本書の第3章と第4章での検討の結果、過去の文献に見られるこの2つの言語事象は、どちらも絶対敬語と直接結びつくものとはいえないことが明らかになったといえよう。次にこの本章の第1節では、自敬表現や身内尊敬表現の話とは別に、絶対敬語という段階が存在したと考えた場合の問題点を2つ取りあげて検討していく。ひとつは、敬語を用いた待遇の高さに程度の差を認めると、さらに絶対敬語という段階が非現実的な存在になってしまうという点（1-2）、もうひとつは、従来の絶対敬語の定義があいまいで、異なる2種類の定義が並び行われているという点（1-3）である。なお、これ以後も、これまでと同様に「敬語を使って相手を高く待遇する」というような、従来の一般的理解に沿った形で表現しながら考察を進めていく。

1-2. 上位に待遇する場合の程度の違い

第2章2-2でもふれたように、絶対敬語という段階の存在を主張する先行研究の多くでは、例えば敬語を使って「待遇の対象を高く位置づける」というとき、その高さに程度の違いを認めるべきかどうかという点が明らかにされていない、あるいは検討されてもいないという問題点がある。その問題点はそのまま本書にも引き継がれていて、第2章以降の過去の日本語の敬語使用に関する考察では、敬語を使用するかしないかという観点からしか、調査や、その結果の解釈をしてこなかった。つまり、同じように敬語を使って高く待遇するといっても、その中でもより高く待遇するかそれほど高い待遇はしないかという高さの程度の違いは問題にしてこなかったということである。本書の著者の考えでは、もし待遇の高さ、低さを、程度の違いまで含めてより詳細に観察すると、絶対敬語の反映とは解釈できない事実がさらにみつかるのではないかと予想される。例えば、金仁珠（1989）では、『大鏡』に見られる言語使用を資料として、当時の貴族社会において同レベルの社会的地位にいる人物に対して、同じ待遇主体による同じレベルのプラス待遇が行われているかどうかを明らかにする目的での調査が行われている。待遇主体としては『大鏡』の語り手の「世継」の他、その対話の相手である「繁樹」や、二人の対話を批評する「侍」の敬語使用も調査範囲に含められている。調査結果としては、同じ地位の登場人物であっても、その人物が藤原冬嗣〜藤原道長へとつづく主流派——金仁珠の用語では「道長すじ」——に属するか、主流派以外の傍流に属するかの違いによって、待遇主体からの評価に違いが生じ、その結果として待遇の仕方に明らかな差異が見られる——主流派の方がそれ以外の傍流グループより高く待遇されている——という結論が示されている。例えば語り手の世継が、「給ふ」と「せ給ふ」（「せ給ふ」の方がより高い待遇）のどちらをより多く使用するかを待遇の対象となる人物別に調べた結果としては、傍流グループの左大臣時平や右大臣仲平に対しては「給ふ」の使用数が「せ給ふ」の使用数より多くなっているのに対して、彼らと同世代で主流派に属する太政大臣忠平に対しては圧倒的に「せ給ふ」を多く使用している。次の世代の傍流グループである太政大臣実頼や左大臣師尹と主流グループの右大臣師輔との比較でも同様に、前者は「給ふ」中心の待遇であるのに対して後者は「せ給ふ」中心の待遇になっているなど、待遇の対象に対する敬語使用が、彼らの社会的地位の上下だけではなく、それ以外の要因――金仁珠（1989）の見解では待遇の対象が主流派に属するか否かという点がもたらす待遇主体の評価的態度の違い――の影響を受けていることがわかる。金仁珠（1989）が「待遇主体の評価的態度」というのは、本書の著者なりの表現をすれば、待遇主体による「自分は傍流グループではなく『道長すじ』を準拠集団[注45]として高く評価するようなそういう人間である」という表明であり、それは、自分と「道長すじ」との関係や、自分の「道長すじ」に対する共感度の高さを提示することによって、自分をそういう人間として理解してもらおうとする行為、つまり自己のアイデンティティー管理の一環ということである。

とにかく、待遇の仕方が社会的地位の上下関係という要因だけで決まるというのが絶対敬語だとしたら、それ以外の要因の介在が認められる『大鏡』の敬語使用のあり方[注46]は、相対敬語を反映しているという以外には理解のしようがない。この例のように、敬語使用に関して、待遇の高さの程度の差まで含めてより詳細に観察していくほど、社会的地位の上下関係だけによって一義的に敬語使用のあり方が決まるとはいいにくい使用例が増えて、絶対敬語という段階はますます想定しにくくなっていくように思う。

1-3. 従来の定義の曖昧性

また、この『大鏡』にみられる敬語使用の偏りは、絶対敬語と相対敬語の違いに関する先行研究の説明の、もうひとつ別の問題点を明らかにするものでもある。これまでの先行諸研究における絶対敬語と相対敬語の違いに関する説明は、同じものとはいえない2つのタイプの説明が、まるで同じ説明の言い換えであるかのように並び行われていて、両タイプの説明の違いが重要視されていなかったといえる。その2つとは、次の①と②のような説明である。

① 待遇主体と待遇の対象との身分の上下関係だけで敬語の使用のしかたが決まるのが絶対敬語で、身分の上下関係以外の要因も関与的に働くのが相対敬語

② 待遇の対象に対する敬語の使用のしかたが聞き手に影響されないのが絶対敬語で聞き手に影響されるのが相対敬語

おそらく①は「自敬表現」の存在を中心として考えた定義で、②は「身内尊敬表現」の存在を中心として考えた定義といえるように思う。「自敬表現」も「身内尊敬表現」も絶対敬語の段階が存在したという進歩史観的敬語論の主張を支える柱と考えられてきた現象であるが、このように並べてみると明らかなように、①と②は同じことを別の表現で述べているものではない。②の説明で重視されている「聞き手」は、①の「身分の上下関係以外の要因」の中のひとつに過ぎず、「聞き手」ではない「身分の上下関係以外の要因」もあり得るからである。例えばいま紹介した

『大鏡』にみられる敬語使用などはまさにその例といえる。待遇の対象が「道長すじ」に属するか、それ以外の傍流グループかということは、身分の上下関係とはいえない基準だが、だからといって、聞き手が誰であるかということとも無関係な基準だからである。

さて、もし絶対敬語と相対敬語の違いについて①のような定義をした場合について考えてみよう。①のような定義をしている先行研究の具体例として、辻村敏樹（1968）、鈴木丹士郎（1989）をここで再び引用しておく。

辻村敏樹（1968）

相手を選ばず絶対的に上位者は上位者として把握し表現するところの敬語

鈴木丹士郎（1989）

どのような場合にも、一定の人物は常に一定の敬語で待遇される、すなわち、固定的な上下・尊卑関係によって敬語の選択が決定されるという傾向

これらの定義によって絶対敬語と相対敬語を区別するとしたら、相対敬語の方には次のように雑多な使用基準が入り混じるということになる。

次ページのように並べてみた場合、1番右だけをそれ以外の3つとは別の段階として区別する根拠はいったいどこにあるのだろうか。

[絶対敬語]	身分の上下関係だけが関与的に働く
[相対敬語1]	身分の上下関係とAという要因が関与的に働く
[相対敬語2]	身分の上下関係とAとBという要因が関与的に働く
[相対敬語3]	身分の上下関係とAとBとCという要因が関与的に働く
…	…

1番右と2番目との間に、敬語の発達の段階の違いがあると主張すること——つまり1番目より2番目以降の方がより発達した段階であると主張すること——と、2番目と3番目との間にそれがあると主張するのとでは、どれほど大きな説得力の違いがあるというのだろうか。1番右だけを特別扱いするということは、身分の上下関係という要因ひとつだけが、敬語使用に影響するそれ以外の要因A、B、C…とは次元の異なる特別な違いであるという認識を表しているが、そういう認識は、単に「敬語とは目上の人を敬う気持ちを表現するためのことばである」という単純なとらえ方をそのまま受け入れていることを反映しているだけなのではないのだろうか。

さて、絶対敬語と相対敬語の区別についての①の定義にはこのような問題があるとしたら、②を採用すればいいのだろうか。②の立場のようにみえるのは例えば次のような定義である。

畠弘己（1993）

絶対敬語の場合には話し手は自分より目上の人に対しては相手（聞き手）が誰であろうと敬語を使う。したがって例えば父、母は目上の人であるから相手が誰であろうと常に敬語を使うことになる。

西田直敏（1995）

絶対敬語では、話し手が話題とする人物に対する敬語が固定され常に一定である。

（cf 相対敬語→話題の人物への敬語が聞き手への顧慮によって変動する）

これらのように聞き手の存在が関与するかどうかの1点で絶対敬語と相対敬語を区別しようとする場合に問題になるのは、身分の上下関係でもないし聞き手の違いでもない、もっと別の要因が敬語使用に関与しているとみられる例があることである。ここでも先に取りあげた金仁珠（1989）の『大鏡』にみられる「主流派か非主流派か」という違いによる敬語使用の偏りなどがその例になる。また聞き手が待遇の対象よりはるかに上位者であるとか、あるいは第1章1-3で挙げたような、聞き手が待遇の対象を軽蔑している、あるいは嫌っていることを話し手が分かっていても、敬語を使用することが可能な状況が、少なくとも現代日本語社会ではたくさんあるということも、②のタイプの定義には問題となるであろう。

①にも②にも問題が生じるのは、身分の上下関係だけによって敬語の使用が決定していた時代

だとか、聞き手の存在が敬語使用に関与的に働く可能性が全くなかった時代などという、少なくとも過去の言語資料からは全く確認できないような段階を無理矢理設定するからなのではないだろうか。[注47] つまり、身分の上下関係だけから敬語の使い方が決定したとか、いかなる状況でも聞き手の存在が待遇の対象をどのように待遇するかということに関与しないなどという状態が過去にあったことをまず想定するから、それと、現代のような相対敬語との違いを説明する必要が生じてしまい、その説明が矛盾を含んだものになってしまうのである。仮に、身分の上下関係だけから、ことばによる待遇のしかたが一義的に決定する——しかも、その身分の上下関係というのも固定的で、状況とか捉え方によって関係が変動する余地がほとんどない——などという言語的待遇規則があったとしたら、それはそもそもことばによって相手を待遇したといえるのだろうか。「存在する」という意味の動詞として、「いる（居）」「いらっしゃる」「いられる」「いやがる」などの複数の選択肢があり、その中から、あえて「いらっしゃる」を選ぶからこそ、その選択行為が意味を持つのである。話し手と聞き手を固定したとたんに「いらっしゃる」以外の選択の余地がなくなるのだとすれば、それは選択行為すら成立しないのであり、例えば、生物だから「いる」、無生物だから「ある」を使うというのと同じで、これでは相手を待遇したことにならないのではないかと思う。念のためにいえば、ここで「相手を待遇したことにならない」というのは、本書の著者の考え方から言い直せば、「自分はこの待遇の対象をこういう人だと思っている、そ

う い う 人間である」とか「自分はこの待遇の対象とこういう関係にある、そういう人間である」とか「自分は、この待遇の対象と聞き手であるあなたとの関係をこういう関係だと認識している、そういう人間である」というような自己のアイデンティティーに関する表明をしたことにならないということである。

本章のここまでの考察で明らかになったように、金田一京助の業績を起点とする進歩史観的敬語論にとっての重要な一段階である絶対敬語という段階が過去に実際に存在していたことは、少なくとも今のところ認められないといわざるを得ない。そして先にも述べたように、絶対敬語という段階が認められないということは、タブーの時代↓絶対敬語の時代↓相対敬語の時代という進歩史観的敬語論（敬語発達論）自体が認めがたい歴史認識であるということにつながるものである。

本書の著者は絶対敬語から相対敬語へという段階的な変化があったとは考えていない。絶対敬語といわれている時代も相対敬語であったと思っている。しかし同じく相対敬語であったとしても、例えば奈良、平安時代と現代の敬語使用が全く変わっていないといっているわけでは決してない。少なくとも調査した資料に現れるような社会階層では、同じく相対敬語でありながらも、例えば身分の上下関係というファクターが敬語の使用に与える影響は、当時の方が現代よりさらに大きかったと思われる。注48 また、第4章で示した『源氏物語』や『竹取物語』の話し手別の敬語使用をまとめた表（〈表1〉～〈表19〉）からもわかるように、男性話者が自分の妻や娘、孫娘などに対して、現代より丁寧に待遇していたということも特徴的である。[注49] いわゆる「両方向敬語」が頻繁に使用されていたという点も現在とは違う。本書で論じた自敬表現や身内尊敬表現の有無の他にも現代語と奈良時代の古典語や、現代語と平安時代の古典語に見られる敬語とはいろいろな点で違いがあることは確かであり、それらについてはすでにいくつもの先行研究で詳しく説明されている。[注50] 何度も繰り返すことになるが、重要なことは、そのような個々の違いがあるからといって、必ずしも当時の敬語の運用原理が現代のそれよりも一段下位のより未発達な段階に相当すると考える理由は何もないということである。基本的には同じ運用原理に支配されていても、実際の使用場面において関与的に働くファクターの関与の度合いが、大局的にみれば時代とともに少しずつ変わってきたと考えるだけで十分説明できるのである。別のいい方をすれば、時代の経過に伴う単なる変化をわざわざ発達とか進歩などと呼びかえて、敬語自体の価値に差をつける根拠もないし、その必要性も、少なくとも言語研究においてはないということである。

2. 進歩史観的敬語論と言語の歴史的研究

2-1. 進歩史観的敬語論が目指すもの

本書のこれまでの議論を通して、金田一（1959）に代表されるようなこれまでの進歩史観的敬語論は、理論的に考えても、また、言語資料の調査結果を基にして考えても、どちらにしても到底成り立たないような主張であったことが理解されたのではないかと思う。もし、本書の目的が日本語の敬語の歴史を明らかにすることならば、これまで検討してきた進歩史観的敬語論が成り立たないということになった場合、それをどう修正すれば、あるいはそれにかわってどのような敬語の歴史を構築すれば、よりよい敬語史研究となるのかという問題が次の課題になるはずである。しかし、序章でも述べたように、本書の目的は日本語の敬語の歴史を明らかにすることではなく、敬語とはいかなるものなのかということを明らかにすることである。過去の敬語を考察の対象としたのは、それがその目的のために有効だと考えたからである。よってここでは、これまでの進歩史観的敬語論に代わる敬語史論を提唱するのではなく、これまでの進歩史観的敬語論は何のために提唱され、さらにそれはなぜ広く受け入れられてきたのかという問題について考察し、そこから現代の日本語話者にとっての敬語の存在意義を明らかにして、さらに言語を歴史的に研究するということはどういうことなのかという、本書の2つ目の目的に関する本書の著者の見解を述べるという方向に議論を展開していく。

本書の第3章で示したように、『古事記』の須佐之男命（スサノヲノミコト）は自分に敬語を使うこともあるし、使わないこともある。また第4章で示したように、『源氏物語』の明石君は父親に敬語を使うこともあるし、使わないこともある。進歩史観的立場に立つ敬語論者は、そのうち須佐之男命が自分に敬語を使用する例と、明石君が父親に敬語を使用する例だけ持ち出して、その逆に関しては問題にしないか、あるいは「変化の過渡期であった」という理由にならない理由で簡単に片付けようとしている。それらの文献に反映されている言語が絶対敬語の段階であったことの裏付けになる（と自分たちが考える）用例だけに注目して、数からいえばそれらを上回る都合の悪い用例は無視するか軽視するのである。それはなぜかというと、極言すれば、「日本語の敬語は時代とともにどんどん発達してきて今のようになったのだ。だから現在の敬語はこれまでの中では最もすばらしい状態なのだ」という、進歩史観的敬語論者にとっての理想的なストーリーがまず先に用意されていたからである。そのストーリーを成立させるためには、現代の敬語より一段階未発達なシステムを過去の日本語の中に見いだす必要があって、その都合に合わせて用例を探したからそうなるのである。過去の言語を反映している文献に見られる言語使用の調査結果を積み上げて、そこから帰納的に、「敬語は時間とともに発達してきている」という結論に行き着いたというのではない。調査結果から帰納的に導き出したのではなく、何かもっと別の理由で、調査する前から理想的な結論が用意されていたといった方がふさわしいのである。ではその「何かもっと別の理由」とは何なのかを考えるために、金田一（１９４８）から次の一節を引用する。

敬語の美しさは、日本語の生命であり、又他国語の容易に追随を許さない所である。殊に現代口語に於ては、丁寧形の発達が著しく、敬語法が曾て見ざる最高潮に達した。

また、金田一（1942）では、第2章で引用した、タブーの時代↓絶対敬語の時代↓相対敬語の時代という敬語の史的変遷の大枠を示した後に、複雑な日本語の敬語を撤廃するべきであるとする主張があることを紹介した上で、その主張に対して次のように反論している。第1章でも引用したが、ここで再び取りあげる。

　我々の国語には、ほかには、西洋諸国語に比して誇るに足るものがない。名詞に、格も数も、性もなし、動詞に、人称も時も数もないのである。ただ西洋諸国語になく、我のみあって精緻を極めるこの敬語法の範疇こそは、いささか誇ってやられる点なのである。

2-2でもふれるが、屈折がないことや性の一致がないことを理由として、それがある言語より劣った言語であるとみなすこと自体が「進歩史観的言語論」に毒された非科学的、非合理的な認識であることは明らかである。[注51] よって、ここではその点にこれ以上つきあう気はない。また、敬語体系が存在する言語であるということ——本書の著者の見地からいうと「敬語体系が存在するとみなしやすい言語である」ということ——が他言語と比較した上での日本語の優越性の根拠となり得ると考えることの妥当性に関しても、それを言語研究のテーマとして真剣に議論する気は起こらない。「調査する前から用意されていた理想的なストーリー」とは何のためのものなのかという点を明確にしたい本章にとって、先に引用した金田一（1948）、（1942）の主張の中で重要なことは、それぞれの論文の中で過去の敬語に言及してはいても、それは現代——金田一京助にとっての現代——の敬語の価値を明らかにするためにそうしているにすぎないということである。[注52] ここで「現代の敬語の価値を明らかにするため」というのは、金田一（1948）や（1942）でいえば、彼の時代の敬語体系、ひいてはその敬語体系を包含するというイメージで語られる日本語というシステムの優越性を主張するためということである。金田一（1942）、金田一（1959）などで展開された進歩史観的敬語論は、まさにそういう目的のための装置であったということが明らかである。この点については、滝浦（2005）に、すでに次のような指摘がみられる。

金田一にとっての日本語の相対敬語は、発達段階の最高位に位置する誇るべき敬語であり、そしてまた、（中略）都会的洗練の言語的象徴でもあった。

そして、滝浦（2005）ではこの引用部の少し後に、金田一京助が絶対敬語や相対敬語というタームに詳細な定義を与えていないことに言及し、その理由を次のように述べている。

金田一がこれ（絶対敬語や相対敬語に明確な定義を与えていないこと・本書著者注）に不足を感じなかったのは、彼にとっては「相対敬語」と「絶対敬語」を彼我の差として捉えられれば十分であり、関心の中心は「相対敬語」の機能の解明にはなかったと言うべきであろう。

つまり、敬語に絶対敬語とか相対敬語などという区分を持ち込んだのは、分けた後にそれぞれを詳細に分析するための手続きとしてではなく、「彼我の差」を明確にするためだということである。ここで滝浦（2005）が「彼我の差として捉える」というのを、絶対敬語だった過去の敬語と相対敬語である現代の敬語の違いを優劣という尺度から位置づける——もちろん現代の方を「優」とする——という意味だととれば、本書の主張と基本的に同趣旨だと思われる。

金田一京助にとっての敬語とは、過去のよりプリミティブなシステムからはじまったものが、時代とともに発達し続けてきたからこそ、現代のような価値の高い、世界にも誇れる存在になったという、そういうシステムなのである。そうであるからこそ、そういう敬語を一部として含み持つ日本語、あるいは日本文化の価値の高さも主張できるものになるということである。そしてそれはそのまま日本という国家とか社会の価値の高さに結びつけることが可能になるという認識であり、そういう認識は、第二次大戦時（金田一（1942））も、戦後（金田一（1948））も基本的に変化は見られない。[注53] 日本語の敬語をそのように位置づけるプロセスにおいては、金田一京助の主たる研究対象のひとつといえるアイヌ語（の敬語）も、より未発達な段階にとどまっている例として、つまり日本語の引き立て役として言及されているのである。金田一京助にとって、敬語は日本語の、あるいは日本文化の優越性を示すシンボルなのである。もっと慎重にいえばそういうシンボルとして利用可能な存在なのである。そしていま見たように、金田一京助にとっての敬語の歴史は、そういうシンボルにさらなる威信（Prestige）を与えるために存在するのである。近代国民国家誕生とともに、その文化的シンボルとして創造された近代の産物である「敬語」に、歴史によるさらなる威信を加えて、もう一度国民に提示し直すことが、金田一京助の時代に必要になったということなのであろう。世界大戦に向かう「国民」に自信を与えること、あるいは戦後であれば、日本文化や日本人の優れた点を見つけ出して「国民」に自信を回復させることを目的とするメッセージを言語研究者の立場から発信したのである。[注54]そのメッセージを受け取る側からしても、それはまさにその時代の「国民」がなにより求めていたものであったということができるであろう。当時の「国民」からすれば、「敬語」などという切り取り方が恣意的であっても、その「敬語」に威信を付与する歴史記述が多少非論理的であっても、そんなことには気づく必要さえないのである。日本語母語話者にとっての、というより当時の「国民」にとっての「敬語」とはそういう存在だったし、現代の敬語も、そういう意味でのシンボルとしての役割から完全に解放されているわけではないであろう。

第1章で述べたように、働きという点からすると、敬語はそれ以外の言語形式や非言語的ツールと連続的である。日本文化の象徴とするためには、連続をいわば無理矢理断ち切って対象化させなければならなかった。連続を断ち切って対象化しようと最初に企てたのは金田一京助ではないが、そうやって対象化された敬語に、歴史性というさらなる権威を付加して、ゆるぎないシンボルにまつり上げたことに関しては、金田一京助、およびその後の進歩史観的敬語論の寄与するところが大きいといえよう。もちろんそれを受け入れる側の需要が大きく関与していたことは先に述べた通りである。

このように日本の進歩史観的敬語論は、過去に言及していながらも「現代」に寄与するためのものであった。この点は「言語を歴史的に研究することとはどういう意義を持つ行為なのか」という本書のテーマのひとつに大きく関わるので、言語の歴史記述が現代の言語に対する認識とどう結びつくのか、次に少し詳しく論じてみたい。

2-2. 言語の歴史的研究の意義

2-1で確認したように、金田一京助にとって、敬語の歴史記述とは、現代日本語あるいは日本文化の優越性のシンボルである敬語に、さらなる威信を与えるためのものであった。先にも述べたように、進歩史観的敬語論の場合は、時間的に後の方がよりよい状態ということになるので、現代の敬語を最も価値が高いものと位置づけるためにはたいへん都合のよい歴史観である。そして金田一京助がそういう歴史観に基づいて日本語の敬語史を構築したということは、言語の歴史記述が現代の言語の価値付けのために使われているわかりやすい具体例でもあるので、日本語の歴史的研究が、現代日本語に対する日本語話者の認識に及ぼす影響について説明したい本書の著者にとっても、たいへん都合のよい題材なのである。ここで本書の著者がつけ加えなければならないことは、進歩史観的立場からの敬語史研究だけが、例外的に現代の言語の価値付けのために使われているわけではなく、進歩史観的立場からの、敬語以外の日本語史研究があるとしたらそれも同じだし、進歩史観的立場以外の観点からの日本語の歴史的研究も、現代語に対して与える価値は異なるかもしれないが、歴史的研究を通して結局は現代語の存在価値に言及する可能性があるという点では同じだということを説明することである。

まず進歩史観的立場からの、敬語以外の歴史的研究について考えてみよう。この点に関しては、言語ではなく、人間そのものや人間社会に関する歴史研究をみてみると、その研究領域の成果が、いかに現代——その歴史研究が行われている時点としての「現代」——の人間あるいは人間社会のあり方と不可分の関係にあるかということがよくわかる。その代表的な例のひとつは、19世紀イギリスの哲学者バーバート・スペンサーの社会進化論である。社会とは、よりプリミティブで単純な状態から、複雑で多様性の豊富な状態へ発展していくものであり、その極致が自由主義社会であるとするこの思想は、当時のイギリスをはじめとする主要なヨーロッパ社会のあり方を正当化するための、まさに結論が先にある歴史記述といえよう。また、その自由主義社会さえも淘汰されて次の段階に至るものであることを説いたマルクスの唯物論的歴史観（唯物史観）も、資本主義社会との比較の上において、共産主義社会の優越性を主張するための装置、つまり、資本主義社会と共産主義社会との対立が著しかった当時においての、共産主義側の「現代」のための正当化装置であったといえる。

また、言語研究の分野においての歴史認識の中にも、進歩史観的敬語論と同じような視点から捉えたといえる研究がある。世界の言語を孤立語、膠着語、屈折語に分類するという発想は、そこだけ考えれば歴史的な観点が入り込む余地などなさそうにみえる。しかし、この3分類を、単なる分類ではなく、この順番で言語の発達段階と対応したものであるという見解と結びつけてしまうと、ヨーロッパの多くの言語が所属する屈折語が最も上位の発達段階に到達しているという、あらかじめ設定された都合のいい結論に根拠を与えるものとなる。言語の優越性は文化の優越性とイコールの関係であると一般には受け取られやすいものなので、そもそも西欧文化の優越性を主張し、さらには植民地主義を正当化するための装置としてこういう分類基準が、それを必要とする時代に現れたとさえいえるものである。

また、過去を捉える観点が進歩史観的ではなく、もっと違ったものであったとしても、結局はそういう立場からの過去の記述を通して、現代のあり方とか、現代の方向性に対する何らかの価値づけを示しているということができる。

いわゆる「正史」とは、その編纂を手がけた「現代」の王室が王統の正統性を説くための歴史記述であるが、なぜそこで王統の正統性を説くのかというと、それは現在の王室の正当性を、現在の民や、その王室の領域外の他者に対して証明するためである。この場合、過去から現在に向かって右肩上がりによい状態になってきているという記述とは限らないので進歩史観的立場とはいえないが、しかし、これも過去に言及していても、過去を記述すること自体が重要なのではない。過去に言及することが、現代の権力の正当性の主張に有効だと判断するからそうしているだけである。この点でいえば、言語系統論の多くも、進歩史観的立場からのものではなくても、その研究が行われていた「現代」においては、政治的な意味を帯びたものとなっていたことはいまさらいうまでもないであろう。[注55]

進歩史観とは逆に、言語はだんだん堕落してきているという立場からの歴史記述も可能である。その場合、まず、現代語に比べてより優れた、あるいは理想的なものとして過去の言語を描き出すことになる。そして、例えば価値の低い他言語に汚染されるとか、使用者としての人間の質的低下が言語にも反映してくるなど非科学的な理由をあげながら、言語の価値とか機能の低下のさまを記述することになるであろう。例えば国学者達の言語史観、さらに現代の「ことばの守り神達」[注56]の言語史観などがこれに該当するといえよう。過去を記述する目的は、最終的に現代の状態について異議申し立てをするためである。

本書第1章でも述べたように、自分はどういう集団に所属し、その集団でどういうポジションにいる人間かということを理解してもらうことは、人間のアイデンティティー管理の方法として、最も一般的なやり方であるといえる。所属する集団において自分が中心的ポジションとか権威に結びついたポジションを占めていると感じられる場合は、その集団の評価の善し悪しはそのまま自分の評価に直結すると考えるであろう。しかし、自分のポジションが周辺的だと感じられる場合は、自分に中心的ポジションを与えないような集団が悪く評価されることを望みがちである。そうなることによって逆説的に自分を正当化できると考えるからである。どちらにしても自分が所属する集団に対する評価は、人間のアイデンティティー管理にとっていつの時代でも重要なものである。よい評価を望むか、逆に悪い評価の方が自分に都合がいいと感じるかは一概にいえないが、とにかく自分が関わる集団の、同時代における評価が重要であることには変わりがない。

ここまでは個人とその所属集団という関係として述べたが、自分が所属する小集団とそれを包含する国家のような大集団の関係だとしても同じことがいえる。一般に人間は自分が関わる社会（集団）の評価を高めようとすることや低めようとすることに熱心だが、それは以上のような理由による。

最も代表的な歴史、つまり政治を中心にすえた人間社会についての歴史記述をみれば、その歴史記述という行為が、今述べた「自分が関わる社会の評価を高めようとすることや低めようとすること」を目的とする言語行為のひとつであるということがわかりやすい。これは、ある特定の人間とか社会の価値を同時代人が評価する場合、その人間や社会が過去のそれとどのようなつながり方をしているか、どのような関係にあるかということが、重要な評価基準となり得ると考える人間がたくさんいるということを示している。[注57] そしてそれは別に人間自身や人間社会についてだけいえるのではなく、言語でも同じである。現代の日本語を現代人が評価する場合、過去の日本語とのつながり方、過去の日本語との関係のあり方という側面が重要な評価基準になると考える人が多いのである。結果的にプラス評価する場合でもマイナス評価する場合でも、過去との関係のあり方は、その評価を支える有力な根拠になると考える人が多いのである。そして、言語に対する評価とその使用者に対する評価を同一視してしまいがちなのと同様に、言語に対する評価と、その言語を使用する社会、文化に対する評価を峻別することは、ほとんどの人間にとっては難しいことなのである。現代の言語に対する評価がそのままその社会や文化の評価になり、その社会やその文化に対する評価は、先に述べたように自分の評価にも大きく影響すると考える人間が多ければ多いほど、その言語の歴史を記述することは、その社会やその人々にとって意味のあることと見なされるのである。「自分が関わる社会の評価を高めようとすることや低めようとすること」のひとつとして位置づけられる歴史記述は、人間社会についての歴史記述だけではなく、言語に関する歴史記述もそのひとつであるということである。

敬語に限らず、言語の歴史的研究に携わる研究者の多くは、自分が考察対象としている過去の言語、あるいは過去の言語変化に関する考察が、結局は何らかの形で現代の言語に対する位置づけ、価値付けにつながるものであることを明確には自覚していないかもしれない。しかし、どのような記述であれ、その記述は、それを包含するより大きな研究の一部として位置づけられるべきものであるという認識は持っているはずである。例えば平安時代の和文資料にみられる多彩な待遇表現の中から、いわゆる謙譲語に焦点を当てて、詳細な記述を行ったとする。その場合、記述者は、この謙譲語についての詳細な記述は、自分あるいは自分以外の研究者の手によるその他の待遇表現形式に関する同じように詳細な記述的研究と合わせて、平安時代の和文資料にみられる待遇表現の全体像に迫ろうとする作業の一翼を担うべきものであると考えている場合もあるだろう。また、さらに同時代の和文以外の資料に見られる待遇表現形式の記述的研究と合わせて、この時代の待遇表現全体を明らかにするより大規模な構想の一部に位置づけられるべきものであると考えているかもしれない。あるいは、平安時代以外の時代の待遇表現に関する記述的研究と合わせて、日本語の待遇表現形式の変遷に関する壮大な研究を構想している場合もあるであろう。大規模な構想の全部を自分だけで実行しようというのではないにしても、自分と志を同じくする他の研究者との共同研究——多くの場合は他の想像上の研究者との「想像の言語研究共同体」ではあるが——の一部を自分が担当しているという意識は持っているはずである。そして例えば平安時代の待遇表現の全体像を描き出す記述は、その後に別の時代の待遇表現の全体像と比較することを含意しているはずだし、それは結局は待遇表現の変遷という、現代につながる、そして現代の価値を云々するための「物語り」を創り出すことにつながるものである。

3．歴史の物語り論

3-1．「事実としての歴史」は存在しない

進歩史観的敬語論とは、過去の言語資料から得られた敬語使用に関するデータの詳細な分析から帰納的に導き出された結論としての歴史記述などではなく、現代の日本語あるいは日本文化の優越性を示すために、はじめから理想的なストーリーが用意されていて、そのストーリーに都合のいいデータを拾い集めて作り出された「物語」といえる。そして、第3章や第4章での議論から明らかなように、その「物語」は都合のいいデータを強調し、都合の悪いデータを軽視しているにもかかわらず、そうまでしても論理的に成り立っていないことも明らかである。よって本書の著者は、進歩史観的敬語論の立場から提示されたそのような日本語の敬語の歴史記述をそのままの形では認めることはできない。

ただし、この点は本書のこれからの議論にとって重要なので誤解のないように強調しておくが、本書の著者が従来の進歩史観的敬語論を認めないというのは、今まであげられてきた自敬表現や身内尊敬表現だけでは、絶対敬語という段階が存在したことの根拠にはなり得ないと思うからであって、この立場の歴史記述が帰納的な方法をとっておらず、はじめから予断を持っていて、実

際の敬語の歴史を歪曲しているなどと思うからではない。進歩史観的な立場は客観的な観点とはまったくいえないが、客観的な観点から記述していないから認めないといっているのではないのである。なぜならば、純粋に客観的な観点からの歴史記述など古今東西ひとつもないからである。

敬語に限らず、日本語を歴史的に研究している者は、きっとどこかに「真実の日本語の歴史」とか「事実としての日本語の歴史」というものが存在していて、日本語史の研究とはその全貌の解明に貢献するための努力であると考えているのかもしれない。それはまるで一億年前の恐竜の完全な全身骨格がよい状態ですっぽりと地中に埋まっていて、慎重に、そして方法を誤らずに発掘すれば、いつかはその恐竜のすべてが明らかになるというようなイメージである。しかし歴史記述とは決してそのような作業と同じではない。むしろ、歴史記述を例えるなら、記述者は膨大な量の生ゴミ集積場にいて、積み上げられた生ゴミの中にある無数の生物の骨の中から、いくつか選び出して組み立てて、一匹の空想上の動物の骨格を創造しているようなイメージの方が少しは近いものである。記述の対象となる可能性を持つ過去の事実や出来事は、過不足のない一体分の恐竜の骨とは違って無限といっていいほど大量に、多様に、そしてばらばらに存在するからである。ただし生ゴミの中のいろいろな骨は、それぞれの出自をたどることがただ単に困難になっているだけだが、過去の事実の方はその出自というもの自体が、人間の認識から独立しては存在しないと考えることもできるので、そこまで考えると、歴史記述を生ゴミ集積場での新動物制作に例えることも妥当とはいえない。それはともかく、歴史の記述とは、人間の心から独立して実在する真実の歴史を客観的な視点から復元するというものではなくて、無限の事実や出来事のうち、その大半を無視して、ほんの一握りの意味のある事実や出来事だけを選び取って、それらを意味があるように関係づけながら作り上げる「物語り」[注58]というべき言語行為なのである。歴史哲学の分野では、先に恐竜の全身骨格の発掘に例えたような歴史記述のことを「素朴実在論的歴史記述」と呼び、それに対する批判を基盤とて成立した、本書で生ゴミ集積場における新動物の創造作業に例えたような歴史記述に対する捉え方のことを「歴史に対する構成主義」と呼ぶ。ただし、歴史記述の方は「構成する」といっても、意識における構成ではなく言語によって「構成する」ものであり、あくまで言語行為のひとつであるという点で新動物の創造作業とは根本的に異なっている。歴史記述という言語行為自体が歴史なのであって、この言語行為以外の所に本当の歴史とか真実の歴史などというものが別にあるわけではないのである。言語の歴史に限らずすべての歴史とはこういうものであると考える立場を、歴史哲学の分野では、「歴史の物語り論(narrative theory of history)」という[注59]。そういう考え方からすると、「真実の敬語の歴史」とか「事実としての敬語の歴史」などというものは初めから存在しないのである。よって無いものを歪曲することなどできるはずがないのである。

3‐2．観点・歴史観の形成にかかわる制約

3‐1では、過去の無限の事実や出来事の中から、意味のあるものだけを選び取って、それらを意味があるように関係づけながら作り上げたものが歴史であると述べた。では選び取るだけの意味があるかないかはどうやって決まるのだろうか。また、選び取られた事実や出来事は、どういう関係として結びつけられると意味があることになるのだろうか。これらの決定に関わるのが、選び取ったり、関係づけたりする前に設定されている「観点」とか「歴史観」とよばれるものである。生ゴミ集積場に集められた大量の骨の中から、どの骨とどの骨を拾うかということを決めるためにも、拾い集めた骨をどのようにつなげてどのように組み立てるかということを決めるためにも、あらかじめ「どういう動物を造り上げようか」というイメージがある程度なければ作業を始めることさえできないであろう。歴史記述でいえば、そのイメージにあたるのが観点あるいは歴史観である。ひとつの邪心もなく純粋な気持ちで過去に向き合うなどということはあり得ないし、あり得たとしたら、ただそれだけで終わりであってなにも生まれない。

進歩史観的敬語論者は、はじめから「日本語の敬語は時代とともに発達してきたものである」という歴史観をもって用例の採取にあたり、そういう歴史観をもとにして事実や出来事を関係づけたわけである。3節で述べたように「言語は堕落していくものだ」というスタンスで敬語の歴史を記述することもこれと同じくらい可能であろう。何度もいうがこういうやり方自体を非難す

ることはできない。なぜならばこういうやり方以外の歴史記述はありえないからである。

問題は、選び取ったり結びつけたりする前から設定されている観点とか歴史観は、どうやって形成されるものなのかということであろう。これは、敬語の歴史記述でいえば、金田一京助はなぜ進歩史観的立場に行き着いたのかと問うことと同じである。そしてその答えは現代の敬語の優越性を示したいという目的が先にあったからである。さらに進んで、それではなぜ現代の敬語の優越性を示す必要があったのかと考えたとき、金田一京助の例をみれば明らかなように、観点とか歴史観は「(記述者にとっての)現在」と密接に関連して形成されるもの、あるいは選び取られるものであることがわかるであろう。[注60]「意味があるものだけを選び取って」とか「意味があるように結びつける」という場合の「意味がある」というのは、記述者にとって、あるいは記述者と時代や社会を共有する人々にとって「意味がある」とか「価値がある」とか「必要がある」ということなのである。歴史記述のためには「現代」と結びついて形成された、あるいは選び取られた観点が不可欠であると述べたが、それは歴史記述自体が、結局は「現代」のために行うものであるという3節で強調した事実と表裏の関係にある。歴史記述のために不可欠な観点の形成は、記述者がおかれた社会——その記述者にとっての現代社会——のネットワークの中におけるその記述者のポジションによって制約されるものだからである。これは、すべての歴史の外側にいる、あるいは歴史自体から解放された「神の視点」を持つ記述者など実在しないということと同じことである。

3-3. 歴史記述に対する評価

もしもどこかに、「真実の歴史」あるいは「事実としての歴史」などというものが実在してるのだとしたら、ある記述者の歴史記述と別の記述者の歴史記述を比べて、どちらが「事実としての歴史」に近いかという基準から優劣をつける可能性が生じるであろう。しかし、これまで述べてきたように、そういう基準は実在しないのである。だとしたら、歴史はすべてフィクションだということになり、世の中にあるすべての歴史記述には、少なくとも学術的な観点からは全く優劣が付けられないということになるのだろうか。

本書は敬語の歴史をテーマにしたものであるが、言語ではなくて人間とか人間社会を対象とする歴史研究の分野、あるいは歴史哲学の分野では、この本章第4節で展開してきたような「歴史とは何か」とでも呼ぶべきテーマに関する議論が、かなり長期間にわたって、さまざまな立場の研究者を巻き込んで熱心に続けられてきた。その中では当然、歴史記述をどう評価すべきか、あるいはそもそも評価自体が可能かどうかという議論も数多く行われてきた。だが、歴史記述をどう評価すべきかという問題は、歴史記述はそもそも何のために行われるのかという問題と不可分の関係にあるので、歴史記述を行う意義に対する考え方が一つに収斂できない[注61]こととも関連して、評価の問題の方も、未だに統一的な共通理解を得るには至っていないようである。ただし、完全な一致をみていないとしても、この問題に関して、多くの研究者が部分的にでも合意できる了解事項はあるといえる。[注62] そのひとつは、真実の歴史はないとしても、学術的観点から歴史記述に優劣を付けることが全くできないはずはないということである。例えば、歴史記述を構成する個々の事実や出来事の認定は、史料を基にして可能な限り厳密に行わなければならないはずである。自分に都合のいい事実だけを史料から読み取って、都合の悪い事実はとり挙げないなどということは可能な限り避けなければならない。事実や出来事をどのような関係で結びつけるか、その結びつけ方にしても、論理的に認められやすい結びつけ方と、そうとはいえない無理な結び付け方を区別することは可能なはずである。本書で批判の対象としてきた進歩史観的敬語論は、3節でみたように明確な観点を持っていた。そして、その観点に従って過去の言語事象から意味のあるものを選び取り、それらを因果律に従って意味のあるように関係づけた物語りであった。物語りであること自体は何の問題もないが、選び取り方、関係づけ方という側面で大きな問題を抱える物語りであるというのが本書の著者の評価である。真実の歴史というものがないからといって、学術的観点から歴史記述を評価できないわけではないということの格好の見本のように思う。

3-4・敬語の認識と敬語の変遷の認識の対称性

第1章では、近代の産物としての敬語がどのような認識上の操作によって作り上げられたのかということを説明した。すなわち、話し手が、聞き手や登場人物と自分との関係をどのような関係と捉えているのか、その話し手の捉え方を表すことができるツールは、言語に限ったとしても敬語以外にもいろいろあるし、その表し方もさまざまである。そこでそのような働きをする様々な言語形式に対して、日本文化の象徴としてふさわしい「敬う気持ちを表すことば」というあらかじめ用意した外枠をあてはめることによって、その一部だけを取りだして他と切り離し、一個のシステムとして対象化したものであるということであった。第1章でも述べたが、その操作は、満天に広がる無数の星々に対して、あらかじめ設定した図形をあてはめることによって恣意的に選び取られた少数の星だけをそれ以外の星から切り離し、一個の星座として対象化するのと同様の操作である。敬語体系とはそのようにして近代以降に作り上げられたシンボルである。ひしゃくの形を当てはめてあの7つの星だけを切り取る以外の切り取り方はあり得なかったわけではないのと同様に、尊敬語と謙譲語と丁寧語だけを他から切り離してひとつにまとめる以外のまとめ方がなかったわけではない。

そして本章で説明した敬語の歴史とは、それと同類の認識上の操作を、今度は時間軸に沿って並ぶ無数の事実とか、時間軸に沿って生起した無数の出来事に対して行った結果得られたものである。本章でこれまで述べてきたように、過去の事実、過去に起こった出来事の数は、いわば無限である。歴史記述とは、その無限の事実、出来事に対して、あらかじめ設定された観点から、その観点にとって価値が高いと認定できるものだけを選び取り――逆にいえばそれら以外を歴史の闇に葬り――選び取られたもの同士を因果的に関係づけることによってできあがる物語りである。選び取られた事実や出来事は、選び取られて関係づけられるまでは、それらを包含する全体の物語などというものはなかったので個々別々の存在に過ぎなかった、というより意味が与えられるまでは存在さえしていなかったともいえる。またこれらは、別の事実や出来事と違う結びつけ方をされて、違う物語の一部になっていた、あるいはこれからなる可能性もあるのである。

須佐之男命が自分に対して敬語を使っている事実と、明石君が父親に対して敬語を使っている事実だけを選び取る以外の選び取り方があり得なかったわけでは決してない。また、その2つの事実は、絶対敬語という1つの原因によって異なる時代に現れた2つの結果だという結びつけ方以外の結びつけ方があり得なかったわけでもない。あらかじめ設定した観点が「敬語は時代とともに発達してきた」という観点だったから、そのような事実が選び取られて、そのような結びつけられ方をしただけである。金田一京助が提示した敬語の歴史とは、そのようにして近代以降に作り上げられた「敬語にさらなる威信を付与するための物語り」である。モノとしての敬語自体を作り上げたのも、コトとしての敬語の歴史を作り上げたのも同じような認識上の操作によるものだったということである。

終章　進歩史観的歴史記述と社会

1．現代の敬語史研究と進歩史観的立場

「序章」で提示したように、本書には主な目的が2つあった。ひとつ目は、「敬語とはいかなるものなのか」という問いに対する本書の著者の現時点での考えを示すことで、2つ目は、「言語の歴史的研究とはいかなるものなのか」という問いに対する本書の著者なりの見解を述べることであった。その2点については、第1章から第5章までの考察において、いきとどかない点が多くて不十分なものではあるが、一応その目的に対応するような内容を示してきたつもりである。ただ、本書の著者としては、前章（第5章）での考察に付随して、もうひとつ読者（特に言語の歴史的研究に携わる研究者）に訴えたいことがあるので、本書の最後のこの短い章をもっぱらその「もうひとつの主張」のためにあてることにする。第5章までに述べた話が再び持ち出されることもあるが、それはあくまで「もうひとつの主張」を説明するための例としてであり、これま

での議論をむし返したり、まとめなおしたりすることを目的とするものではない。

第5章で述べたように、金田一京助による進歩史観的敬語論は、日本語の敬語の歴史をそういう形として提示して見せた目的が明瞭であった。すなわち、過去の敬語との比較の上に、現代の敬語がこれまでの発達の最高段階にあることを示し、それを通して現代の日本語、さらには日本文化の優越性を説くことである。こういう目的であるからには、敬語は時間とともに発達、進歩するものでなければならなかった。科学としての言語研究という観点からの評価はともかく、金田一京助にとっては、敬語の歴史記述を行うに当たって、進歩史観的な立場をとることはある程度必然的であったとさえいえるように思う。敬語の歴史に限らず、進歩史観的立場からの歴史記述は、「未発達な過去」との対比を通して現代の優越性を示すとか、将来の更なる発展を示唆して現代のあり方、方向性が正しいものであることを確認するための「物語り」といえる。現代に対する肯定的評価を目的とする歴史記述が、進歩史観的立場から行われることは、そのような目的である限りにおいてはやむを得ない、というかそれが常道なのかもしれない。進歩史観的な立場からの歴史記述以外は、すべて現代のあり方や方向性を否定してしまうというわけではもちろんないが、現代を肯定する有力な手段として「進歩史観的××論」が多用されていることは事実だからである。さて、ここで本書の最後に著者が訴えたいことというのは、そのような目的でもないのに、進歩史観的立場をとること、あるいは進歩史観的な立場からの記述を無批判に受け入れて、それを前提として自らの研究に臨むことについて、その必要性とその社会的影響をもう一度よく考えてみてほしいということである。

近代科学としての日本語研究は、『国民国家日本の集団規範たり得る「日本語（標準日本語）」を造り上げるための試み』として始まったといえる。本書の著者が福島（２００８）で提示した考え方からいうと、『「日本語」を実際に造り上げるというより、「日本語」が造り上げられたと国民に思わせる試み』であり、もっと現実に即した表現に直すと『「日本語」が造り上げられたと日本語話者に思わせることによって「国民」を創り上げる試み』として始まったともいいかえられる。そういう時代の日本語史研究であればあるほど、そういう時代の要請に即した、つまり新生日本のあり方や方向性を、文化や言語の側面から肯定することにつながるような観点が設定されがちなのは仕方がないことなのかもしれない。しかしこれは逆にいえば、そういう時代の研究でないならば、進歩史観的な立場から過去の言語に対峙する必然性は高くないはずだということでもある。そう考えると、少なくとも現代の敬語史研究には、古代から段階を経て発達してきたシステムとして敬語を描き出す必要はあまりないということになるであろう。ところが実際には、日本語の敬語は「発達してきた」とか「進歩してきた」といういい方が、21世紀の敬語研究にまでみられるのはいったいなぜなのだろうか。おそらく現代の敬語の研究者の中には、「自分は現代日本語の優越性を示すために研究しているわけではないが、敬語が発達してきたというのは歴史的事実なのだから、そういう表現を用いることには何の問題もない」と考えている人もいると思われる。しかし、その場合は是非とも、「歴史」とはアプリオリな存在ではなく、何らかの目的のために創造された「物語り」であることを理解するとともに、何をもって「発達」とか「進歩」と表現しているのか、その点を明らかにした上でそういう表現を使用してもらいたいと思う。

2．「変化と発達」「変化と進歩」

第1章で述べたように、敬語は近代の産物である。その敬語という概念を過去の日本語に投射してみると、機能の面でほぼそれに対応するような言語形式を指摘することも可能である。さらに、それらの言語形式やその用法をまとめて「～時代の敬語」というレッテルを貼ることも、現代日本語話者の感覚からいえば、見当違いとはいえないであろう。そしてそのようにして抽出した「～時代の敬語」と「現代の敬語」を比べてみると、形式自体にもその用法にも違いが見られるのは明らかである。よって「～時代の敬語」と「現代の敬語」との間に、連続的か非連続的かはともかくとして、なんらかの「変化」があったと考えるところまでは認めるとしよう。しかし「変化」と「発達」は同じではないし、「変化」と「進歩」も同じではない。言語研究の中で、「ただの変化」を発達とか進歩とみなすためには、変化の方向性をプラスに評価する根拠を示さなければならないはずである。そのためにはまず、変化の方向性について、プラスにせよマイナスにせよ評価するために、敬語のどういう側面での評価なのかという何らかの限定が必要であろう。

例えば「医学」という分野なら、この分野の研究や技術には「進歩した」とか「発達した」とか、あるいは逆に「後退してしまった」などと、プラスにもマイナスにも単純に評価しやすいものが多いといえる。なぜならば医学研究や医学技術の変化に関しては、その変化の方向性を評価するための、多くの人間にほぼ共通する評価の側面が設定しやすい、あるいはすでに設定されているとみなしやすいからである。それはこの分野の研究や技術の存在意義が、誰にとってもそれほど違いがないからであろう。すなわち誰が考えても、医学は「人間をできるだけ遅く死なせること」「人間の肉体的、精神的苦痛を解消したり緩和したり、あるいは予防したりすること」のためにあるという認識でほぼ一致するということである。こういう場合は「文脈抜きで」進歩とか発達などという表現を使いやすい。本当は文脈がないのではなくて、「わざわざ設定して見せなくても共通理解としてすでに成立している文脈のままで」ということなのだが、とにかくA氏にとって進歩とか発達と評価できる変化は、A氏以外のほとんどの人間にとっても同じである場合が多いということである。これに対して、例えば乗用自動車の変化はどうだろうか。フルモデルチェンジをして新しく発売された自動車と、そのモデルチェンジ前の型の自動車を比較して、

「文脈抜きで」、つまりどういう側面での評価なのかという限定なしでいえることは前とは違うということだけであろう。進歩したとかよくなったというためには、「〜という面では」という限定が必要になる。なぜなら自動車に何を一番求めるかという点が、ユーザーによって様々に異なるからである。なによりもスピードを求める者、運転しやすさや安全性を優先する者、経済性を重視する者、地球環境への負荷の少なさを第一に考える者、快適な居住性や格好の良さで選ぶ者など、自動車の「善し悪し」には多様な価値観を反映した多様な評価が存在する。そのため、A氏にとっては進歩したと評価できるモデルチェンジが、B氏やC氏にとっても同じであるとは限らないのである。よって、自動車の変化に対して進歩とか発達などという表現を使用するためには、例えば「この新型車は燃費の面で大幅に進歩した」などのように、どういう側面での評価なのかという限定が必要になるのである。そして本書の著者の感覚からすると、敬語の変化に対する評価は、医学の研究や技術の変化ではなく、自動車の変化に対する評価に近いものであると思う。

ここまでは、発達も進歩も、よい方向への変化ということでひとまとめにして扱ってきたが、もう少し議論を進めるために、発達という表現と、進歩という表現を分けて考えてみようと思う。発達というと、個々の要素ではなく、それら全体をひとつのシステムとしてとらえて、そのシステムのよい方向への変化をいう場合に使われる表現である。しかもよい方向への変化をすべてカバーできるわけではなくて、システムが拡張していくとか、より複雑化していくという方向性をプラス評価したことを表す語といえよう。そうすると、日本語の敬語が発達してきたというためには、例えば現代の敬語と千年前の敬語を比べると、現代の方がそのシステムがより拡張、あるいは複雑化していて、しかもそれがプラスに評価できるような拡張や複雑化であるといえなければならない。

今も昔も「敬語」が存在するという前提をひとまず認めるとして、平安時代の言語資料にみられる敬語と現代の敬語を比較して、現代の方が「拡張している」といえそうな点をあげるとしたら、第5章でも言及した聞き手敬語の存在であると思う。また、「複雑化している」という点をあげるとしたら、敬語を使うか使わないか、使うとしたらどういう敬語を使うかという使用基準として関与的に働く要因が増えてきたといえそうなので、使用基準自体が複雑になったということだと思う。ただし、全体としてみれば、縮小、あるいは単純化の方向への変化の方が多いようにも見えるので、今挙げた例だけをもって、平安時代より現代の敬語の方が全体として拡張しているとか複雑化しているとは一概にはいいにくいような気がする。しかしそれでは話が進まないので、仮に全体としての拡張化、複雑化を認めるとしよう。その場合でも、拡張したり複雑化したりすれば、それはすべてよい方向への変化であるといえるわけではないので、聞き手敬語ができたとか使用基準が複雑になったという変化をどういう点でプラス評価できるのかという問題に関する査定も必要になる。例えば、その昔は、敬語で表せることといったら、身分の上下関係が中心だったのに、その後には上下関係の他に親疎関係とか待遇の対象に対する評価の高低とか、いろいろなことが表せるようになってきて、そういう点こそがより便利になったということで、現代の敬語に対するプラス評価の根拠であるというとしたら、これはあまりにも単純すぎる捉え方である。どこが単純すぎるのかというと、そのような考えが成立するためには、次のような前提が必要だからである。すなわち、千年前の日本語話者たちも、身分の上下関係だけではなく、その他のいろいろなことも敬語で表現したかったのに、その当時の敬語ではそれが現代ほど自由にできずに仕方なく我慢していた。そしてそれが、その後の敬語の変化によって、我慢しなくても円滑に表現できるようになったというような前提である。千年前の敬語と現代の敬語では、使用基準が同じではなく、現代の方がより多様な要因で敬語を使い分けるようになったということはいえるのかもしれない。本書第1章で説明した敬語の働きの観点からいえば、人間同士のより多様な関係についての話し手の把握の仕方を敬語の使い方によって表現するようになったということである。しかし、もしそうだとしても、それは千年前の日本語話者が、いろいろな関係のあり方を敬語使用を通して表明する必要性を感じていなかったからそういう使い方をしていなかったのである。できれば現代のように、上下関係の他に、親疎関係とか、共感度とか、評価の高さとかいろいろな人間関係の把握の仕方を反映させながら敬語を使用したかったのに、当時はまだ未発達だったのでそれができなくて我慢していたというのではない。それぞれの時代の敬語は、それぞれの時代に適した運用のされ方をしていたのであり、それぞれの時代で使用する限りにおいてはそれぞれに十分な機能を発揮できていたはずである。

もし、平安貴族社会の話し手が、その社会で使用するための敬語として、当時の敬語と現代の敬語のうちからどちらかを選択する自由を与えられたとしても、一致して現代の敬語の方を選ぶとは思えない。現代の敬語の方が「文脈抜きで」優れているわけではないからである。これに対して、例えば抗生物質による化学療法が発明される以前の結核患者や担当医師に、当時の治療法と現代の治療法を説明した上で選択させたら、例外なく現代の方をとるであろう。現代の結核治療法の方が「文脈抜きで」優れているからである。

このように、よい方向への変化といっても、本章で「文脈抜きで優れている」と表現したような変化と、それぞれの使用環境に最適化するような方向での変化があるということがわかる。ここで仮に前者を「進歩」と呼び、後者を「進化」と呼んで区別するとしたら、敬語の変化は「進歩」とは呼びにくいが、「進化」と呼べないことはないと思う。[注63]しかし、このように定義した「進化」は「進歩」とは違うので、Aという環境に適合する敬語αと、Bという環境に適合する敬語βを「文脈抜きで」比較して、どちらがより優れているとか、どちらがより発達しているなどと評価することは、少なくとも科学としての言語研究に対しては、いかなる有効な知見ももたらさないであろう。進歩史観的敬語論とは、それぞれの時代のそれぞれの言語社会に適合した敬語同士を、まさに「文脈抜きで」比較して優劣をつけようとする試みといえる。

3. 進歩史観的歴史記述の社会的影響

2節で述べたように、本書の著者は、進歩史観的立場からの敬語の歴史記述には、言語研究としての敬語史の研究に対する大きな貢献は期待できないと思う。ただし、例えば金田一京助のように、このような立場からの歴史記述を通して、当時の日本語社会のメンバーに何かを訴えようとする行為自体に関しては、21世紀の現代の観点からいっても、すべての人間に平等に与えられた権利の発現だとしてそれを擁護する立場もあり得るのかもしれないとは思う。第5章の4節で、本書の著者が金田一京助の進歩史観的敬語論を批判するのは、そういう立場から敬語の歴史を記述するからではなくて、論証の過程が納得できないからであるということを述べたのには、このような理由も含まれている。金田一京助には自ら提示した敬語の歴史を通して「国民」に訴えるメッセージがあったが、それでは、「国民」に対しては訴える内容など想定していない現代の敬語史研究は、進歩史観的立場をとったとしても本当になにも訴えたことにはならないのだろうか。

(1) 日本語の敬語はしかじかのように発達してきて現代の敬語に至ったのである

というような敬語に関する歴史記述は現代でもよく見られる。この記述者は、敬語が発達してきたということ自体を自らがそれほど強く主張したいわけではなく、もちろん「だから昔の敬語より現代の敬語の方が優れているのだ」などと主張する意図も持っていない場合が多いと思われる。さらにその記述者が展開する敬語論にとって、敬語が時代とともに「発達」してきたかどうかということは本質的に関わらないことがほとんどである。発達してきていなくても、変化さえしてきていれば、たいていの言語史研究の議論はそのままで続けられるのではないだろうか。それにも関わらず(1)のような記述になるのである。本書の著者の見るところ、現代の敬語史研究に見られる進歩史観的立場の多くはこのタイプのように思う。極端にいえば、(1)中の「このように発達してきて」を「このように変化してきて」に置き換えたとしても違いがないような感覚で「発達」という表現を使用しているのである。自分の研究内容にとって必然性がないのに「発達」という語を用いたり、「変化」と同じ意味で「進歩」とか「発達」という語を用いるこのような表現が、きわめて専門的な学術雑誌に掲載され、同じ領域の少数の研究者以外の目には触れにくい論文の中に、ごくまれに現れるだけだとしたら、社会に対する影響は無視できるであろう。しかし、一般の読者の目に触れる可能性のある媒体を通して公表された言説の中にみられる表現だとしたら、もともと一般の読者に対して訴える政治的メッセージなどないのだから、なにも訴えたことにはならないといってすませることはできないように思う。それが敬語に関する言説の中だけにしか見られない表現ならまだいいが、日本語の歴史、日本語以外の言語の歴史、言語以外のいろいろな歴史に関するさまざまな論考、エッセイ、啓蒙書、教科書等の中に繰り返し現れるとしたら、社会に与える影響を考えてみる必要も生じて来るであろう。先にも述べたように、進歩史観的な歴史認識とは、過去と対比した上で現在のあり方や方向性を肯定するものである。「敬語」も、「敬語以外の日本語」も、「日本語以外の言語」も、言語以外のいろいろな文化も思想も技術もシステムも制度も、「みんな昔より今の方がよくなっている」ということを、証明するのではなく、それを前提として語られることが繰り返されているのである。あるいはまた、「みんな昔のままではなく変化している」というだけの意味なのに「発達」とか「進歩」という表現で語られることが繰り返されているのである。そのような言説が多量に飛び交う社会は、当該社会の既存の様々な制度やシステムや技術に対する、論理性を基盤とした批判的精神をはぐくみにくい社会なのではないだろうか。例えば、最先端の科学技術というだけで、無批判にその有効性や安全性を信じ込むような意識が蔓延することに、このようなあまり自覚的でない進歩史観的立場からの言説は、一役買っているとはいえないだろうか。

敬語使用に対しては、言語の中でもとりわけ規範意識が強く働く傾向があるといえよう。特に一般の日本語話者の間では、「正しい」とか「間違っている」とか、あるいは「美しい」とか「乱れている」とか、そういう方向からの評価がひときわ顕著に行われやすいのが、敬語の使い方に関する側面である。使用のレベルで規範意識が強く働くということは、おそらく「あの人の敬語」と「この人の敬語」を比較する場合も、「今の敬語」と「昔の敬語」を比較する場合も、「善―悪」とか「正―誤」とか「美―醜」などの基準だけから評価する傾向がより強いのではないだろうか。

しかし、研究対象が規範意識に結びつきやすいものだからといって、その研究までが規範的観点から行われるべきだということは絶対にあり得ないのである。言語研究者ができる社会に対する貢献があるとしたら、そのような規範意識に自分自身も絡め取られて、一般の言語使用者と同じ土俵に立って、彼らに「正しい」敬語使用法を教授することでもないし、複数の敬語を比較してどちらがよいか正しいかを、かわりに判断してやることでもない。規範意識を基盤とした視点からしか敬語をとらえることのできない一般の言語使用者に対して、もっと違う観点からの敬語に関する説明の仕方があることだとか、敬語の歴史の捉え方があるということを提示することによって、敬語だけにとどまらず、また日本語だけにもとどまらず、ひろく社会や世界に対する、今までの一般常識とは違う把握の仕方、解釈の仕方があり得ることを理解するきっかけを作ることだと本書の著者は考える。

おわりに

大規模な災害や事故による多数の被災者を前にして、言語研究者はいかにも無力である。言語研究者が研究対象とする言語は人間そのものではないからである。しかし、人間と言語を切り離して、分けて考えているのは、実は言語研究者だけなのである。言語の歴史は人間の歴史ではないので、どのような歴史記述を展開しても、現代の人間には影響がないと考えているのも、実は言語研究者だけなのである。言語は人間そのものではなくても、人間そのものと同じくらい影響の大きいものだし、人間そのものと同じくらい一般の人々に関心をもたれる存在である。金田一京助はそのことに気づいていたに違いない。あれは、戦中・戦後の混迷を生きる国民に対する、その当時の言語研究者という立場からの一種のクライシス・マネージメントなのかもしれないとも思う。現代の研究者が金田一京助と同じようなメッセージを発信することを勧めることはできないが、もっと間接的ではあっても、言語研究がアカデミズムを追求するその結果として、最終的には社会に寄与するところがあるのではないかと信じている。

注

序章

＊1　本書では、日本語の歴史的研究のあり方を議論するに当たって、「歴史の物語論」という、主として歴史哲学の分野で提唱されている「歴史」に対するとらえ方を参考にしながら考察を進めていく（第5章・第3節参照）。その「物語論」の代表的著作であるA・C・ダント（1989）では、歴史研究のなすべき内容について次のように述べている。

歴史における物語の役割はいまや明白であろう。それらは変化を説明するのに用いられ、ことに特徴的なのは、個々人の生とのつながりからみればしばしばはるかに長い期間にわたって生じる、大規模な変化を説明するために用いられるのである。こうした変化を顕在化させ過去を時間的全体に組織化すること、なにが起こったかが変化によって語られると同時に、それらの変化を説明すること――たとえ物語文に言語的に反映された時間的パースペクティブを用いてではあってもーーそれが歴史の仕事である。（P306）

ダント（1989）が念頭に置いている「歴史」とは、もちろん人間とか人間社会の歴史であるが、本書第5章では、言語の歴史に関しても同様な観点からの研究が可能だし、またそれが必要であることを述べようとするものである。

第1章

＊2　本書では、日本語の使用者のことを「日本語話者」と呼ぶ。この場合の日本語とは、現代標準日本語のみならず、各地域の地域方言や社会方言を含むものであり、また、過去の日本語の種々の言語変種も含むものである。なお、日本語話者のうち、そういう日本語を母語（第一修得言語）として使用する人間のことを「日本語母語話者」と呼ぶ場合もある。

＊3　例えば、初期の敬語研究の代表的な論文といえる三橋要也（1892）には、他言語と比較した上での日本語の特長として敬語を挙げ、次のように述べている。

さて然異なるが中に、一きは目立ちて知らるるは、己が尊敬すべき人の上のことを言ひ、及び尊敬すべき人に対して、己が上の事を言ふに当りて、我には常に相当の敬語といへる者を用ゐて、其の意を表すも、彼にはかかる事なきことこれなり。

＊4　本書第1章の趣旨からいうと、敬語の働きに「待遇」という表現をあてること、並びに、敬語を使用することを「待遇する」と表現することはふさわしくない。しかし、敬語研究の分野でも一般の言語使用においても広く使われている表現なので、わかりやすさを旨として、本書全般にわたって「待遇」とか「高く待遇する」あるいは「プラスに待遇する」などという表現を使用する。

＊5　敬語を使用することによって、結局どういう効果を期待しているのかということに関しては、よりよい人間関係の構築を目的としたものであるという、ここで述べた内容と同趣旨の見解が、すでにいろいろな立場からの様々な敬語研究、待遇表現研究、コミュニケーション研究において主張されている。例えばブラウン&レビンソン（2011）は特に対面的言語コミュニケーションにおけるポライトネスを扱った影響力の大きな研究であるが、敬語研究とも関係が深いことは明らかである。その理論で最も重要な概念のひとつといえる「face の維持」という行為も、結局は話し手と聞き手のよりよい人間関係を構築することにつながるものといえる。

＊6　多くの敬語研究では、(2)a のような状況における「先生」に対しては、発話の登場人物であるとともに、「間接的な聞き手」としての役割を認めている。そう考えた場合は(2)a は登場人物と聞き手が一致する例文（1）に近いものとなり、二人称の発話の一種と見なされるので(2)b や(2)c と比較検討すべき対象ではなくなる。

＊7　登場人物に対して敬語を使うことは、聞き手にもその価値観を押しつけることになるので、聞き手から見て敬語を使用しないようなときは、話し手も敬語を使用しないといわれることがある。しかし、例文の(2)が「先生」を尊敬していない、あるいは軽蔑している聞き手に対してのものであったとしても、本書の著者には全く不自然だとは思えない。また、自分は知っているが聞き手は知らないということを話し手が知っている人物に対して敬語を使うことは、使わないことと同じくらいごくふつうに見られるはずである。菊地（2003）では、アンケートの結果などから、聞き手か

ら見て高める対象とは思われない人物に対して敬語を使用することは聞き手に対して失礼になるという意識を持っている人と、持っていない人の割合はほぼ半々で、前者は比較的高齢者に多く後者は低年齢者に多いと述べている。

＊8　よく知られているように、三上章（1953）では、「Hに支えられたAの地位こそは敬語法の決定線である（Hは話し手、Aは相手＝聞き手のこと・本書著者注）」と述べて、聞き手ではなく話に出てくる登場人物（第三者）を対象とする敬語であったとしても、その敬語使用には聞き手と待遇の対象との上下関係が関与することを示している。これは、三上（1953）によると「相手から第三者への敬意（または不敬意）に対する話し手の同意、不同意」ということを意味するものである。すなわち第三者（登場人物）に対する敬語の使用のしかたを通して話し手の聞き手に対する同意や不同意を表していることになるという考え方であり、なぜその場にいない登場人物にも敬語を使うのかという問題に対するひとつの見解といえる。しかし、少なくとも現代の敬語使用をみると、この三上章の提示した基準からすると異例となってしまう使用が多い。ということは、この考え方だけではその場にいない第三者に敬語を使用する理由を説明し切れていないといわなければならない。

また、井上史雄（1972）では、現代語の、特に若年層の敬語使用について、「第三者への敬語の使用も実は話し相手に規定される」として、「第三者への敬語は、第三者を敬うためでなく実は話し相手への敬意を表すために用いられている」と述べている（ただし、敬語の場合は若年層の使用方法が必ずしも歴史的変化の方向性を示しているとは限らないという注釈付き）。これも、対面的コミュニケーションにおける相手とはいえない人物に対しての敬語使用の意味を説明しようとした考察といえよう。第三者への敬語は第三者を敬うためではないというところは本書の著者の考えと同じであるが、第三者敬語の働きが聞き手敬語の働きと全く同じで「聞き手との心理的距離を表現するものだ」とするなら、例えば「先生はお帰りになりました（第三者敬語有＋聞き手敬語有）」、「先生はお帰りになった（第三者敬語有＋聞き手敬語無）」、「先生は帰りました（第三者敬語無＋聞き手敬語有）」のような違い、特に後2者の違いはどのように説明するのだろうか。

滝浦真人（2008）には、基本的には三上（1953）と類似的な観点からの説明が見られる。ただし、滝浦（2008）が説明しようとしているのは、本書がここで取り上げている問題、つまりなぜその場にいない第三者に敬語を使うのかということより、そのことも含めてなぜ対面的コミュニケーションの説明原理であるポライトネス理論が、対面している相手ではなく第三者に対する敬語使用にも適用できるのかということであると思われる。なお、第三者に対する使用も含めた敬語使用全体を本章の注5にもあげたブラウン＆レビンソン（2011）のポライトネス理論を適用して説明しようとする立場に関しては森山由紀子（2010）、森山由紀子・鈴木亮子（2011）による批判がある。

＊9　時枝誠記（1941）・三上章（1953）・滝浦真人（2005）など。なお、「話し手と待遇の対象との関係」といっても、時枝（1941）や三上（1953）の場合は主として上下関係のことであるのに対して、滝浦（2005）は、両者の心理的、社会的距離を重視する立場である。

＊10　森山由紀子（２００３）は、現代の敬語を対象としたものではないが、日本語の敬語の機能の変遷を「尊者定位から自己定位へ」という流れとして把握しようとしている。それからいくと現代の敬語は自己定位のためのものということになるが、その「自己定位」という機能は本書でいう「自己のアイデンティティー管理」と近いもののように思われる。なお、森山（２０１０）でも、自己定位のための敬語使用に関しての、やや詳しい言及がみられる。また本書の著者も、福島（２００２）で、敬語を自己のアイデンティティー管理の手段のひとつとして位置づけている。また、井手祥子（２００６）では、敬語が表わすもののひとつとして「話し手の品位」があるといわれていることと関連させて、次のように述べている。

…「賜る」のような高いレベルの丁寧さを持つ言語形式を使うということは、まず第一に、書き手自身の社会的属性を指し示すことになる。（略）書き手自身のために向けられた自己のアイデンティティを社会のさまざまな位相の中でマクロ的視点で指標しているものである。（Ｐ136）

＊11　「自分の遺伝子をできるだけ広範囲にばらまいて後世に残すこと」と「自己満足すること」との関係は、後者が前者に含まれるという形で統一的に説明されるべきだと考える。つまり、自己満足するための行為は、より多くの遺伝子を残すためのひとつの手段になるというように解釈するということである。そう考える理由は、現在、脳と意識（心）の関係を明らかにしようとする研究分野においては、人間の意識は、決して自律的で自由な存在ではなく、適者生存のための方略のひとつとして獲得したものであるという考え方が有力になっているからである。わかりやすくいえば、ま

ず心で考えてから行動するのではなく、行動が先行して心はそれを追認するだけなのに、あたかも先に意志決定が存在したかのように思いこむような仕組みになっているだけだということである。D・J・チャーマーズ（2001）、T・ノーレットランダーシュ（2002）、前野隆司（2004）など参照。

＊12 「アイデンティティー管理」という概念は石川准（1992）、石川准（1999）による。なお用語としての「アイデンティティー管理」は、石川准（1992）によるものである。ただし、同書では「アイデンティティー管理」という用語は堅苦しすぎるという理由で、同じ概念について「存在証明」という用語を主として使用している。

＊13 ひとつの社会集団のメンバーは、自分がその集団のメンバーであることを示すために、いくつかの選択の可能性を持つ行為の中からの選択のしかたを、同じ集団の他のメンバーと一致させようとする（Labov（1971）、Lyons（1991）、トラッドギル（1975）など参照）。逆にいえば、社会集団の中には、そのメンバーが従うべき規範が存在し、メンバーはその規範に従うことによってその集団の凝集性が形成、維持されるということになる。このような規範のことを「集団規範」という。集団規範の定義や働きについては青井（1980）、大橋・佐々木（1979）など参照。

＊14 例えば熊井浩子（2003）では、「敬意」を「尊敬の気持ち」に限定せずに、「言葉遣いの上で、

ある対象を何らかの意味で上位者として扱う」ことと定義し、この敬意や丁寧さを表す形式が尊敬語と謙譲語と丁寧語（狭い意味での敬語）以外にもたくさんあることを指摘して、それらを「広い意味での敬語」と呼び、具体例を挙げながら説明している。また南不二男（1974）や南不二男（1987）でも、敬語と同じ特徴を、全部にしろ、一部にしろ持っている言語表現、あるいは言語表現以外の様々な表現がいくつもあるとして、非常に多くの具体例を列挙して分類・整理している。

＊15　例えば菊地康人（2003）は、敬語の範囲を拡大せずにその内部を機能的な観点から考察するタイプの研究であるが、そこでは敬語と同じように働く敬語以外の言語要素の存在を認め、それらの具体例を紹介した上で、考察対象を敬語の範囲に限定することの効果、あるいは必要性を説明している。敬語の範囲を限定したままで、そのような効果や必要性を説明できるのは、研究のそもそもの目的が、敬語について何を明らかにしたかという点で本書と異なっているからだと思われる。

＊16　前田広幸（1997）は、よく検討した上で卑罵表現が未発達であるといっている数少ない先行研究のひとつといえる。単に卑罵表現にかかわる語彙が少ない、使用頻度が低いというだけではなく、プラス待遇表現と比較して体系的な欠落部分が存在する――謙譲語に相当するものがない――ことを未発達であるという根拠にしようとしているからである。欠落部分をうめる言語形式としての「～テヤル形」はテ形なので除外するという処理が説得力を持つかどうかわからないし、体系が存在すること自体も疑う必要があるように思うが、とにかく少しでも客観的な視点から比較しよう

とする態度がみられるので、この分野の貴重な先行研究である。

＊17　注14で挙げた熊井（2003）や南（1974）（1987）の他、滝浦（2008）では、ポライトネスという観点から呼称の問題を詳しく論じている。

＊18　変異形とアイデンティティーの関係については、主に変異形の働きに注目して言語変化を説明しようとした先行研究で言及されていることが多い。本書の「アイデンティティー管理」もそのような社会言語学的立場からの言語変化研究の研究成果を基盤としたものである。ワインライク・ラボフ・ハーゾク1982、Labov（1972）、Labov（2001）、Milroy. J（1992）、福島（2002）など参照。ただし福島（2002）以外の先行研究では「アイデンティティー管理」という用語は使用されていない。

＊19　日本においてこの分野でもっとも包括的な研究をしているといえるのは宇佐見まゆみである。注5でもふれたBrown & Levinson（1978）のポライトネスに関する言語コミュニケーション理論を基として、その説明範囲をより拡張しようという試みの中に敬語も位置づけようとしている。詳しくは宇佐美（2002）など参照。

＊20　「近代の産物」である敬語を包含する概念といえる日本語体系もまた「近代の産物」のひとつであり、虚構ともいえる存在であることは、イ・ヨンスク（1996）、（2009）をはじめ、安田

敏朗（1997）、（2006）や鈴木義里（2003）、福島直恭（2008）などで指摘されたり、また、そうであることを前提として議論されたりしている。

＊21 「民族」が近代に生まれた実態のない概念であることについては、すでにさまざまな分野で多くの先行研究が指摘している。比較的近年に日本語で書かれた研究書としては、小坂井敏晶（2002）が、幅広い視野からこの問題を扱っており、重要な論点がわかりやすく記述されている。その他には、「民族」の虚構性を「人種」の虚構性とともに論じたスチュアートヘンリ（2002）や、世界各地の「民族主義」を概観して最後に日本人と「民族」についても言及する関曠野（2001）も有益である。

＊22 貫成人（2010）参照

第2章

＊23 20世紀前半のフランスの歴史学者マルク・ブロックは、「歴史」とは、伝統的に考えられているような「過去を通して現在を理解する」という側面だけではなく、「現在を通して過去を理解する」ということを可能にさせるものであるべきであるという趣旨の主張を行っている（ブロック（1976）参照）。この点で、本書で述べたような、現代語を通して形成された「敬語」という認識枠を過去の日本語に投射して、その中に「敬語体系」という研究対象を見いだす行為は、正当な歴史研究のひとつと位置づけられる。ただし、本書の著者の考えでは、「現在を通して過去を理解する」

のは、そのこと自体が最終的な目標なのではなく、その理解を通して再び現在を理解するためだといえると思う。

＊24　このことは逆の方向から言い換えることもできる。序章の注1でも引用したダント（1989）では、「変化について語ることは、変化の主体の何らかの連続的な同一性を暗に仮定している」と述べられている。この主張を本書のテーマに適用していえば、「日本語の敬語のシステムはどういう方向に変化してきたのか」という問題を設定すること、つまり「敬語史」という領域を設定すること自体が、過去から現在に至る敬語システムの存在をより強く感じさせる働きがあるということである。

＊25　ここで「一般に『敬語』とよばれる領域」というのは、第1章と同じように尊敬語と謙譲語と丁寧語のことをいう。

＊26　ただし、歴史学や歴史哲学における進歩史観では、ホイッグ史観（Whig interpretation of history）に代表されるような、現代を最も理想的な社会の最終形態と考える歴史観のことをいうことも多い。これに対して本書では、必ずしも現代を最高の状態と捉えずに、さらによりよい未来を想定した歴史観も含めて「進歩史観」と呼ぶ。

＊27　滝浦真人（2005）でも、金田一京助は絶対敬語や相対敬語に明確な定義を与えていないと述

べている。この点に関しては第5章2節でも取りあげる。

＊28　福島（1994）参照。

第3章

＊29　西田（1955）以外で、自敬表現をどのように定義しているか確認した先行研究は、辻村敏樹（1992）、畠弘巳（1993）、『国語学大辞典』（国語学会編　東京堂出版）、『日本語学研究事典』（飛田良文他編　明治書院）である。

＊30　代表的な研究として尾崎知光（1955）がある。他にも、尾崎以前の三矢重松（1928）、折口信夫（1950）や、以後の小松正（1971）なども、おおよそ尾崎（1955）と同趣旨の主張をしている。

＊31　なお、松尾捨治郎（1934）には、詳細な記述とはいえないが、自敬表現の存在自体を認めない研究に対する、西田（1995）と一部共通する内容の批判がすでに見られる。

＊32　わかりやすさを旨として、ここでは訓読された形で示す。訓読は『日本古典文学全集1　古事記・上代歌謡』（小学館）による。なお、（　）内の現代語訳は本書の著者がおこなった。また、訓読では尊敬表現や謙譲表現として読まれていても、本文の文字上からそれを確認できない場合は除

外した。

＊33　例文(1)~(6)の（　）内の訓読は『日本古典文学全集1　古事記・上代歌謡』（小学館）による。（　）内の現代語訳は本書の著者がおこなった。なお、『古事記』の調査において尊敬表現・謙譲表現と認定した文字、あるいは文字列は次の通りである。

給、賜、召、幸、崩、詔、命、治、白、申、奏、奉、献、貢、参、候、侍、坐、看、食、以為、所知、所思

これは基本的に西田（1995）に従ったものである。

＊34　聞き手や第三者を主格とする述語句をすべて挙げた理由は、明らかに須佐之男命に対する行為といえるものと、明らかに須佐之男命に対する行為とはいえないものとにはっきりと二分することが難しいからである。

＊35　例えば辻村（1969）では、次のように述べている。

ところがここに一つの問題があります。それは絶対敬語の性質が右のようなもの（相手を選ばず絶対的に上位者は上位者として把握し表現するところの敬語・本書著者注）とすれば、上位者対下位者の関係においては常に絶対敬語的表現が行われるべきなのに、事実は必ずしもそうとは限らないのは何故かということです。思うに、これは絶対敬語の慣習が次第に相対敬語

へと移って行く姿を反映しているためではないかと思われます。（P88）

＊36　西田（1995）が自敬表現を「神のことばに更なる威信を付与する仕掛」であると述べるのは、津田博幸（1992）の自敬表現（津田（1992）では「自尊敬語」と呼ぶ）は「神々の言葉の様式」であるという主張を基本としている。

＊37　津田（1992）、およびそれを基盤とした西田（1995）における自敬表現の存在意義についての解釈以外にも、なぜ自敬表現が使われたのかという問題についての説明はいろいろ提出されている。例えば、三上章（1953）では、神や天皇が自分に敬語を使うのを、現代語で親が子供に向かって自分のことを「お父さん」とか「お母さん」と呼ぶ用法と同じで、「相手本位の敬語」という原理によるものであると述べている。ただし、この考え方によれば、自敬表現と絶対敬語は結びつかなくなる。

第4章

＊38　本章の例文(1)〜(10)の中の現代語訳は本書の著者によるものである。

＊39　『源氏物語大成』（池田亀鑑）によれば、ここの部分は、別の写本では、「親大臣の位を保ちはべりき」となっているものがある。

＊40　永田高志（2002）参照。

＊41　使用したテキストは以下の通りである。
『新日本古典文学大系19～22・源氏物語一～四』柳井滋他校注　岩波書店
『大鏡』佐藤謙三校注　角川ソフィア文庫
『竹取物語』阪倉篤義校訂　岩波文庫

＊42　『大鏡』の場合は、問答体なので全編を会話文と見なして用例の採取を行った。ただし127ページ以降に示す調査結果の表には、語り手ではなく登場人物の会話内の言語使用のみを反映させてある。

＊43　いわゆる和文においては、文と文とが明確に切れているとは言い切れない場合が多くあることに関しては、すでにいくつもの先行研究が指摘している。小松英雄（2003）、福島（2008）など参照。

＊44　ここで挙げるのは、その話者がその待遇の対象に対して使用した待遇表現（無標形も含める）が5例以上見られるものに限定している。また、その待遇表現は動詞に関するもののみである。

第5章

＊45　社会集団のうち、自分が実際にその集団のメンバーでなくても、その集団をプラス評価していて、

自分もできればその集団の一員となりたいと希望している集団を「準拠集団（refarence group）」という。準拠集団の働きや存在意義については、船津衛（1980）を参照のこと。

＊46 金仁珠（1994）、（2002）では、待遇の対象が主流派に属するか否かというファクターの他にも、身分の上下関係以外で敬語使用に関与的に働くいくつかの要因が挙げられている。

＊47 現代日本語の敬語に関して、聞き手の影響の大きさを強く主張したのは三上章（1955）である。そこでは三上（1953）で設定した「敬語のA線（Aは相手ということで、本書でいう聞き手に該当する・本書著者注）」を基準とした敬語の使い分けがみられるのが「相手本位の敬語のあらわれ方」で、敬語のA線が関与しないのが「話手本位の敬語のあらわれ方」とされ、現代の少なくとも「大人の敬語」は「相手本意の敬語」であると述べている。相対敬語に関して②のような定義がなされることが多いのもこの三上（1953）や三上（1955）の影響が大きいと思われる。ただし三上（1953）（1955）は敬語の歴史的変遷を述べることを主眼としていたわけではないし、絶対敬語や相対敬語という用語も使用していない。「相手本位」というのが相対敬語で「話手本位」が絶対敬語に該当すると解釈することもできそうだが、三上はひとりの日本語母語話者の言語習得段階として、幼年「話手本位」→少年「話手本位」→成年「相手本位」という順番を設定しているだけで、これが日本語の敬語の段階的発達の比喩としてあげたものなのかどうか本書の著者には判断できない。もしそうなら、神や天皇が自分に敬語を使うことを「相手本位の敬語のあらわれ方」の具体例としているので、第3章の注37でも述べたように、自敬表現は相対敬語の特

徴ということになってしまい、他の多くの先行研究と逆のことを主張していることになる。三上章の敬語論は、主語を特別扱いすることを否定するための一環として展開されたものである。そういう目的にとって、敬語が段階を追って発達してきたものであるという見解は何ものをも付け加えることがないように思うし、逆にそれなら「話し手本位」の段階では主語は重要だったのかといわれてしまう恐れさえ生じてしまうのではないだろうか。

＊48 本書で「身分の上下関係というファクターが敬語の使用に与える影響は、当時の方が現代よりさらに大きかったと思われる」と述べるのとほとんど同趣旨といえそうな指摘がすでに多くの先行研究に見られる。例えば辻村（1992）では、

身分の差というような外的条件が敬語にどの程度の規制力を持っていたかということになると、時代によってかなりの相違が見られる。というよりは、古代にさかのぼるほどそれが強く、後代に下るほどそれが弱まっているように思われる。

と述べている。他にも宮地裕（1981）、金水敏（1989）などにもほぼ同趣旨の記述がある。また、これは裏を返せば第2章2-3で引用した菊地（1994）が、「社会的ファクター（この場合は上下関係は含まれない・本書著者注）が関与する度合いが大きくなっていった」というのと同じことでもある。

＊49 森野宗明（1971）や辻村敏樹（1992）に同様の指摘がすでにある。森野（1971）では、このような傾向を「一種のフェミニズム的傾向」と呼んでいる。

＊50　森野崇（２００３）には、「動態として見た中古の敬語」という節立てがあり、そこで動的・通時的観点から、中古の敬語が有する特徴がわかりやすくまとめられている。

また、永田高志（２００５）では、中古古典語から現代語にいたるいろいろな時代の第三者待遇表現の使用についての詳細な調査、分析が行われている。この研究は、聞き手ではない登場人物に対する敬語使用の歴史に関する、これまでで最もゆきとどいた先行研究といえる。この研究では、絶対敬語と相対敬語の他に、「身分敬語」とか「序列敬語」という新たな分類を設定していて、各時代の言語資料に見られる第三者待遇表現のあり方から、それぞれの言語がその分類のうちのどれに該当するかを査定している。本書の著者の見るところでは、絶対敬語と相対敬語の最も一般的な定義を適用した場合には、この「身分敬語」や「序列敬語」は相対敬語の下位分類とするべきものだと思うが、この永田（２００５）の分類は、幅広い時代にわたる、多くの言語資料を対象とした調査を基にしていて、「身分敬語」「序列敬語」、さらには現代の敬語の特徴を説明するための「内外敬語」という分類も、それぞれの時代の待遇表現の特徴を説明するためには意味のあるものだと思う。ただし、この研究もやはり絶対敬語から相対敬語への発展的変化という敬語史研究の一般的理解から解放されておらず、絶対敬語から相対敬語に変化したのはいつごろなのかということを明らかにすることも目的のひとつとして位置づけられているくらいである。この詳細な敬語史研究が、さらに有意味な待遇表現についての歴史記述となるのは、絶対敬語などという非現実的、異次元的な段階が存在したとか、次にそれより発展した段階に移行したなどという前提から解放されて、日本語の待遇表現が、それぞれの時代のそれぞれの社会に適合するような方向で連続的に変化してきたという見通しの中に位置づけられたときであるように本書の著者には感じられる。

＊51 なお、金田一京助自身も、後の論考（金田一（1948））では人称の区別や数の区別などについて、「未開時代の遺物」であり、「そんなものは、無くたってよいものである」と異なる見解を述べている。ただし、こちらの方もやはり人称の区別や数の区別の有無が言語の価値に直結するという発想から脱していない点では変わりがない。

＊52 言語史研究ではないが、E・H・カー（1962）は、歴史研究と現在との関係の重要性を明確に示した代表的な著作のひとつといえる。「一方、過去は過去ゆえに問題になるのではなく、私たちが生きる現在にとっての意味ゆえに問題になるのであり、他方、現在というものの意味は、独立した現在においてではなく、過去との関係を通じてあきらかになるものである」という翻訳者（清水幾太郎）の解説にもあるように、カー（1962）の歴史哲学は、歴史研究の価値を現在に言及するところ、あるいは現在と相互作用するところに認めるものであり、「歴史とは歴史家と事実との間の相互作用の不断の過程であり、現在と過去との間の尽きることを知らぬ対話なのであります（P40）」という有名な1節が、その思想を端的に表現している。本章第3節で言及する「歴史の物語り論」とも多くの基本的認識を共有している。ただし、カー（1962）は、いわゆる「言語論的転回（linguistic turn）」というパラダイムシフトが歴史哲学の分野に波及する以前のものなので、「歴史の物語り論」にみられるような、歴史記述を言語行為そのものとして分析するという立場ではない。歴史や歴史哲学の分野における「言語論的転回」の影響については、小田中直樹（200

4）、（2009）など参照。

＊53　滝浦（2005）には、金田一京助の敬語に関する思想が戦中と戦後で基本的に変化がないという指摘がある（P257）

＊54　安田敏朗（2008）は、敬語だけではなく、言語研究者としての金田一京助の生涯の研究の全体像に迫ったものであり、有益な知見が多い先行研究である。そこでは、戦中から戦後にかけて、金田一京助が日本の言語政策において中心的役割を果たしていたことが明らかにされている。

＊55　三中信宏（2010）は、世界のさまざまな変化や由来を体系化する一パターンとしての「進化思考（evolutionary thinking）」に注目して、それが言語系統論を含めた現代の科学にどのような影響を与えているかについて述べている。

＊56　ミルロイ&ミルロイ（1988）では、主としてイギリス社会を例として、日常的な言語コミュニケーションにおける言語使用、あるいはマスコミの言語使用に対して、規範的な立場から異議申し立てを行って、言語変化をくいとめようとする人々のことを「ことばの守り神達」と表現している。

＊57　注55でもふれた三中（2010）、あるいは同じ著者の三中（2006）では、人間の認識や思

考の基本となる普遍的な枠組みとして「分類思考」と「系統樹思考」を挙げている。例えば三中（２０１０）では、次のように述べている。

わたしたち人間は、多様な「もの」が眼前にあるとき、とにかくそれらを体系化しようとする生得的傾向がある。その「もの」は以下で述べるように、生物、言語、写本、図書、そして民謡などなんでもかまわない。生物であるか否かは大きな問題ではない。「博物学的伝統」は、生物学のみならず歴史言語学や写本系図学、そして民俗学にもおよぶ、学問分野の壁を大きく越えた広がりを見せた。

ここで「博物学（natural history）」というのは、三中（２０１０）の表現では「生き物の蒐集、分類、体系化を指す言葉」であり、生物学に発するそういう人間の体系化行為が、他の学問分野の発展にも大きく寄与したという意味である。そして、その博物学的伝統を支える二つの大きな柱が「系統樹思考」と「分類思考」であり、この二つは人間の持つ根源的な認知能力に根ざした思考パターンであるという。そのうち本書のここでの議論に深く関係するのは「系統樹思考」の方で、この思考パターンについて三中（２０１０）では、パトリック・トール（Patric Tort）の考え方を援用して、これは「メトニミー」による分類体系化であるとして、次のように説明する。

メトニミーによる分類体系化とは、隠された根源的「全体」によって、表層に見える「部分」を分けようとする分類の理念であると言えるだろう。ここで言う「隠された全体」とは、対象物がたどってきた系譜・血縁すなわち歴史であるとトールはみなしている。

この考え方を援用すると、人間や社会や言語などの評価に、過去とのつながり方とか、過去との関係のあり方などが大きく関与するのは、このような人間の根源的な認識、思考能力の表れであるということができそうである。

＊58　野家啓一（２００５）、（２００７）では、「歴史」とは言語行為そのものであるとして、その言語行為を「物語り」と表記し、その言語行為の結果としての完結した構造体を指す「物語」という表記と区別している。前者にはnarrativeが該当し、後者にはstoryが該当する。本書でも基本的にこの表記上の区別を踏襲する。

＊59　過去の出来事は、それについてあとから物語られることの中にのみ存在するものであって、この「物語る」という言語行為から離れて、あるいは「物語る」という言語行為とは別に、中立的、客観的に存在するものではないというような「歴史」というものに対するとらえ方を「歴史の物語り論」という。これは、「客観的な真実の歴史」というものが先に実在し、それをあとから言語によって描写したものが歴史であるという「素朴実在論的な歴史認識」を批判する立場から生まれた主張である。「歴史の物語り論」の最も代表的な著作は、序章の注1で引用したダント（１９８９）であり、そこで提示された最重要概念は「物語り文」である。「物語り文」とは、例えば「三〇年戦争は一六一八年に始まった」というような歴史記述に見られる典型的な文のことで、それは一六一八年にその戦闘が始まった時点では発することができない文であり、その後のさまざまな出来事も合わせた上で時間を体系化してはじめて生成できるものである。これは「桃太郎」とか「シンデレラ」などのstoryとしての「物語」に出てくる文と基本的特徴を同じくするものであるという。ただし、個々の文がstoryとしての「物語」と同じ特徴を有するからといって、それらの総和とし

ての歴史記述がフィクションにすぎないということには決してならないことには注意する必要がある。ダント（1989）は、すべての歴史記述はフィクションであるといったのではなく、すべての歴史記述は過去の出来事を後の時代の視点から編集したものであると主張したのである。

野家（2005）、（2007）では、ダント（1989）の立場を基本的に継承しながらも、さらに「歴史」が「物語り（narrative）」という言語行為自体である点をより重視した分析を行っている。「歴史」が個人の言語行為であることの帰結として、その行為はある個別の観点からの選択的行為であって、必然的に、歴史的事実として選び取られなかった多くの過去をとりこぼしているということ、そしてそれらにも目を向けるためには「視座の転換」が重要であることなどを強調している。また、貫成人（2010）は、「歴史の物語り論」を詳しく解説した上で、「物語り論」を乗り越えるような歴史記述の可能性を模索している。

＊60　本章注52でも紹介したカー（1962）では、歴史記述者（歴史家）の視点に関して、行列の比喩を用いいながら、記述者自身も歴史の一部であり、歴史記述のための視点が記述者の現在における社会的ポジションによって制約されることを次のように説明している。

私たちはしばしば歴史のコースを「進行する行列」として論じます。まあ、この比喩は結構なものでしょう。但し、この比喩に誘惑されて、歴史家が、聳え立つ岩角から四方を見渡す鳶やバルコニーに立つ重要人物のつもりになるようなことがないとしての話であります。それはとんでもないことです。歴史家もまた同じ行列の別の部分に加わってトボトボと歩み続ける、もう1人の影の薄い人物にほかならないのです。（中略）歴史家は歴史の一部なのです。現に歴史家が立っている行列中の地点が、過去に対する彼の視覚を決定するのです。

＊61　歴史記述、あるいは歴史学はなんのためにあるのかという問題について、現代の日本の歴史研究者が、正面から誠実に、しかもわかりやすいことばで解説した著書として佐藤卓己（２００９）や注52でも言及した小田中（２００４）などが挙げられる。後者はいわゆる言語論的転回以降の歴史構成主義、歴史の物語り論など基盤とするものだが、前者は、あえてその側面を取り込まずに、主としてメディア史という立場からの考察である。

＊62　小田中（２００４）では、歴史研究にみられる、①本書でいうところの「観点」とか「歴史観」の違い、②史料の読解や出来事同士の結びつけ方の違い、③選び取られた歴史的事実に対する意味づけの違いなどについて、学術的な立場から優劣をつけることは可能かどうかに関する査定が行われている。①に関しては、優劣をつけることはできない、②に関しては、間違っている結びつけ方と間違っていない結びつけ方を区別することは可能であるが、間違っていない複数の結びつけ方の間にさらに優劣を付けることはできない、③については、明らかに間違った意味を与えるという場合はあり得るが、間違っていない意味の間では優劣は付けられない、と述べている。

終章

＊63　生物学の「進化」という考え方は、敬語の変化などとは違って、もっと時間のスケールが桁違いに大きな期間における変化（いわゆる「大進化」）について適用する場合が多い。言語についても

「進化」を持ち出すなら、たかだかここ千数百年間における変化ではなく、人類の言語獲得以降、コミュニケーションにおける中心的手段として定着するまでの長期間を視野に入れた場合の変化について説明するための用語としてとっておいた方がいいと思う。ただし、一般の言語変化研究が取り扱うような時間的スケールの小さい言語変化を「小変化」として、「大変化」との関わりにおいて説明する可能性を示唆した研究もある。保坂道雄（２０１１）参照。

引用・言及した文献

青井和夫（1980）『小集団の社会学』東京大学出版会
イ・ヨンスク（1996）『「国語」という思想―近代日本の言語認識―』岩波書店
イ・ヨンスク（2009）『「ことば」という幻影―近代日本の言語イデオロギー―』明石書店
石川　准（1992）『アイデンティティゲーム―存在証明の社会学―』新論社
石川　准（1999）『人はなぜ認められたいのか―アイデンティティ依存の社会学―』旬報社
石坂正蔵（1944）『敬語史論考』大八洲出版
井手祥子（2006）『わきまえの語用論』大修館書店
井上史雄（1972）「第三者への敬語」『国語学』90
宇佐美まゆみ（2002）「ポライトネス理論の展開」（連載）『月刊言語』31・1～5、7～13　大修館書店
大橋正夫・佐々木薫（1979）『社会心理学を学ぶ』有斐閣選書
尾崎知光（1955）「所謂自敬表現について」『名古屋大学文学部研究論集X　文学4』
小田中直樹（2004）『歴史学ってなんだ?』PHP新書286

小田中直樹（2009）「『言語論的転回』以後の歴史学」『岩波講座哲学11―歴史物語の哲学―』岩波書店
折口信夫（1950）『日本文学啓蒙』朝日新聞社
カー・E・H（1962）『歴史とはなにか』清水幾太郎訳　岩波新書
菊地康人（1994）『敬語』角川書店
菊地康人（2003）「敬語とその主な研究テーマの概観」『朝倉日本語講座8　敬語』朝倉書店
金　仁珠（1989）「大鏡の待遇表現の考察―待遇主体の評価的態度をめぐって―」『日本語と日本文学』11（筑波大学国語国文学会）
金　仁珠（1994）「『大鏡』の解釈と敬語」『国文学』39-10　学燈社
金　仁珠（2002）「『大鏡』の実名使用の表現効果『日本語と日本文学』34（筑波大学国語国文学会）
金水　敏（1989）「敬語優位から人称性優位へ―国語史の一潮流―」『女子大文学国文編』40
金田一京助（1942）『国語研究』八雲書林（『金田一京助全集三』1992年三省堂による）
金田一京助（1948）「日本語の美しさと日本女性」『国語の進路研究』京都印書館（『金田一京助全集三』1992年三省堂による）
金田一京助（1959）『日本の敬語』角川書店（『金田一京助全集三』1992年三省堂による）
熊井浩子（2003）「『待遇表現』の諸側面と、その広がり―狭くとらえた敬語、広くとらえた敬語―」『朝倉日本語講座8　敬語』朝倉書店
小坂井敏晶（2002）『民族という虚構』東京大学出版会

小松　正（1971）「古代の自敬表現について」『一関高専研究紀要6』
小松英雄（2003）『仮名文の構文原理［増補版］』笠間書院
桜井光昭（1988）『日本語百科大事典』「古代の敬語」の項目
佐々木薫（1989）「集団のまとまりを維持する働き」『社会心理学を学ぶ』大橋正夫・佐々木薫編　有斐閣選書
佐藤卓己（2009）『ヒューマニティーズ歴史学』岩波書店
鈴木丹士郎（1989）『言語学大辞典』亀井孝他編　三省堂
鈴木義里（2003）『つくられた日本語、言語という虚構―国語教育のしてきたこと―』右文書院
関　曠野（2001）『民族とは何か』講談社現代新書
スチャートヘンリ（2002）『民族幻想論―あいまいな民族―』解放出版社
滝浦真人（2005）『日本の敬語論―ポライトネス理論からの再検討―』大修館書店
滝浦真人（2008）『ポライトネス入門』研究社
ダント・A・C（1989）『物語としての歴史―歴史の分析哲学』国文社
チャーマーズ・D・J（2001）『意識する心―脳と心の根本理論を求めて―』林一訳　白揚社
辻村敏樹（1969）『敬語の史的研究』東京堂出版
辻村敏樹（1977）『国語学研究辞典』「絶対敬語」の項目
辻村敏樹（1992）「敬語の歴史学」『敬語論考』明治書院
津田博幸（1992）「古代王権のことば―宣命と自尊敬語をめぐる言語生活史的考察―」『叢書史層を掘るIII　王権の基層へ』新曜社

トラッドギル・P（1975）『言語と社会』岩波新書
永田高志（2002）『第三者待遇表現史の研究』和泉書院
中村春作（1994）「『敬語』論と内なる『他者』」『現代思想』22-9
西田直敏（1995）『自敬表現の歴史的研究』和泉書院
貫　成人（2010）『歴史の哲学─物語を超えて─』勁草書房
ノーレットランダーシュ・T（2002）『ユーザーイリュージョン─意識という幻想─』柴田裕之訳　紀伊國屋書店
野家啓一（2005）『物語の哲学』岩波現代文庫
野家啓一（2007）『哲学塾　歴史を哲学する』岩波書店
野家啓一（2009）「歴史を書くという行為─その論理と倫理─」『岩波講座哲学11─歴史物語の哲学─』岩波書店
橋本四郎（1980）『国語学大辞典』「奈良時代の国語」の項目
畠　弘巳（1993）『日本語要説』第9章「文章・談話」第7節「待遇表現」ひつじ書房
福島直恭（1997）「『版本狂言記』における待遇的表現形式の出現条件─主節と従属節における現れ方の違いを中心として」『国語国文論集』26（学習院女子短期大学国語国文学会）
福島直恭（2002）『あぶないがあぶねえにかわる時─日本語の変化の過程と定着─』笠間書院
福島直恭（2008）『書記言語としての「日本語」の誕生─その存在を問い直す─』笠間書院
福島直恭（2010）「自敬表現と絶対敬語」『学習院女子大学紀要』12
福島直恭（2011）「身内尊敬表現と絶対敬語」『日本語と日本文学』52（筑波大学日本語日本文学会）

船津　衛（1980）「準拠集団論」『基礎社会学』第五章　安田三郎他編　東洋経済新報社
ブラウン・レビンソン（2011）『ポライトネス―言語使用におけるある普遍現象―』田中典子監訳　研究社
ブロック・M（1976）『歴史のための弁明―歴史家の仕事―』讃井鉄男訳　岩波書店
保坂道雄（2011）「言語変化と言語進化―格をめぐって―」『日本語学』vol.30-13
前田広幸（1997）「日本語敬語体系における四つの非対称性について―その背景にある語用論的原理および競合する原理間の優先関係―」『女子大文学(国文篇)』48（奈良女子大学）
前野隆司（2004）『脳はなぜ「心」を作ったのか―「私」の謎を解く受動意識仮説―』筑摩書房
松尾捨治郎（1934）『国語法論攷』第7章
三上　章（1953）『現代語法序説』刀江書院（本書では1983年くろしお出版の復刊第5刷による）
三上　章（1955）『現代語法新説』刀江書院（本書では1981年くろしお出版の復刊第3刷による）
三矢重松（1928）『高等日本文法・増訂版版』明治書院
三中信宏（2006）『系統樹思考の世界―すべてはツリーとともに―』講談社
三中信宏（2010）『進化思考の世界―ヒトは森羅万象をどう体系化するか―』NHKブックス
南不二男（1974）『現代日本語の構造』大修館書店
南不二男（1987）『敬語』岩波新書
三橋要也（1892）「邦文上の敬語」『皇典講究所講演』71・72号（『論集日本語研究9　敬語』（有精堂）に現行字体、句読法に改めて採録されたものから引用）
宮地　裕（1981）「敬語史論」『講座日本語学9　敬語史』明治書院

ミルロイ&ミルロイ（1988）『ことばの権力―規範主義と標準語についての研究―』南雲堂
森野　崇（2003）「中古の共時態としての敬語、動態としての敬語」『朝倉日本語講座8　敬語』朝倉書店
森野宗明（1971）「古代の敬語II」『講座国語史5　敬語史』大修館書店
森野宗明（1975）『王朝貴族社会の女性と言語』有精堂出版
森山由起子（2003）「謙譲語から見た敬語史、丁寧語から見た敬語史―『尊者定位』から『自己定位』へ―」『朝倉日本語講座8　敬語』朝倉書店
森山由起子（2010）「現代日本語の敬語の機能とポライトネス―『上下』の素材敬語と『距離』の聞き手敬語―」『同志社女子大学日本語日本文学』22
森山由起子・鈴木亮子（2011）「日本語における聞き手敬語の起源―素材敬語の転用―」『歴史語用論入門―過去のコミュニケーションを復元する―』高田博行・椎名美智・小野寺典子編著　大修館書店
安田敏朗（1996）『帝国日本の言語編成』世織書房
安田敏朗（2006）『統合原理としての国語』三元社
安田敏朗（2008）『金田一京助と日本語の近代』平凡社新書
山田孝雄（1924）『敬語法の研究』宝文館（宝文館出版による再版本1970による）
Brown. P & Levinson. S. C（1987）『Politeness : Some Universals in Language Usage
Labov. W.（1972）『Sociolinguistic Patterns』Univerity of Pennsylvania Press Philadelphia
Labov. W.（2001）『Principles of Linguistic Change-Volume2 : social Factors』

Lyons. John（1991）『Natural Language and Universal Grammar : Essays in Linguistic Theory』Cambridge: Cambridge University Press.

Milroy. J.（1992）『Linguistic Variation and Change-On the Histrical Sociolinguistics of English』BLACKWELL Oxford UK Cambridge

や　行

ら　行

た　行

な　行

は　行

ま　行

さ　行

要語句索引

あ 行

か 行

福島　直恭（ふくしま　なおやす）

1959年北海道生まれ

学習院女子大学国際文化交流学部教授　博士（言語学）

著書

『〈あぶない ai〉が〈あぶねえ e:〉にかわる時―日本語の変化の過程と定着』（笠間書院　2002）

『書記言語としての「日本語」の誕生―その存在を問い直す』（笠間書院　2008）

『近世語研究のパースペクティブ―言語文化をどう捉えるか』（共著　笠間書院　2011）

e-mail : naoyasu.fukushima@gakushuin.ac.jp

幻想の敬語論　進歩史観的敬語史に関する批判的研究

2013年2月28日　初版第1刷発行

著者　福島直恭

装幀　笠間書院装幀室

発行者　池田つや子

発行所　有限会社　笠間書院

東京都千代田区猿楽町2-2-3［〒101-0064］

電話　03-3295-1331　Fax　03-3294-0996

NDC分類：815.8

ISBN978-4-305-70686-7

シナノ印刷

（本文用紙・中性紙使用）

落丁・乱丁本はお取りかえいたします。

出版目録は上記住所または下記まで。

http://kasamashoin.jp/

笠間書院刊■福島直恭著

書記言語としての「日本語」の誕生
その存在を問い直す

A5 判・310 ページ　定価 : 本体 2,500 円（税別）
ISBN978-4-305-70397-2

「日本語」はどのように創り出されたか。国家語として、全国に普及したと私たちが認識している「日本語」の実体を明らかにし、新たな日本語観を提示する。

〈あぶない ai〉が〈あぶねえ e:〉にかわる時
日本語の変化の過程と定着

A5 判・188 ページ　定価 : 本体 2,800 円（税別）
ISBN978-4-305-70246-3

言語変化の多様な実現の仕方と過程を具体的に解析。言語変化について言語研究の立場から考察する。ことばをどういうものとして把握すべきなのか、言語変化の本質を捉えた一冊。